DIE WOK-KOCHSCHULE – CHINESISCH

KEN HOM

DIE WOK-KOCHSCHULE – CHINESISCH

KEN
HOM

Im FALKEN Verlag sind zahlreiche Titel zum Thema „Essen und Trinken" erschienen. Bitte fragen Sie überall dort, wo es Bücher gibt.

Sie finden uns im Internet: **www.falken.de**

Dieses Buch wurde auf chlorfrei gebleichtem und säurefreiem Papier gedruckt.

Der Text dieses Buches entspricht den Regeln der neuen deutschen Rechtschreibung.

ISBN 3 8068 7622 3

Erstveröffentlichung 2000 unter dem Titel „Foolproof chinese cookery" durch BBC WORLDWIDE LIMITED, Woodlands, 80 Wood Lane, London W12 0TT

Copyright © Promo Group Ltd 2000

Deutsche Übersetzung © 2001 by FALKEN Verlag, 65527 Niedernhausen/Ts.

Umschlaggestaltung: Peter Udo Pinzer
Gestaltung: Norma Martin und Lisa Pettibone
Fotos: Jean Cazals
Styling: Sue Rowlands
Übersetzung: Ute Perchtold
Redaktion: Hildegard Mergelsberg und Olaf Rappold (red.sign, Stuttgart); Elly Lämmlen, FALKEN Verlag
Herstellung: red.sign, Stuttgart; Christina Dinkel, FALKEN Verlag
Produktion und Satz: red.sign, Stuttgart
Gesamtkonzeption: FALKEN Verlag, D-65527 Niedernhausen/Ts.

817 2635 4453 6271

Inhalt

Einleitung

Meine Liebe zur chinesischen Küche begann, als ich den Küchenchefs im Restaurant meines Onkels bei der Arbeit zusah, und so erwarb ich auch meine Kenntnisse. Später, als ich anderen das Kochen beibrachte, verblüffte es mich immer wieder, dass zwar viele meiner Schüler alles über die verschiedenen Techniken gelesen hatten, diese aber erst richtig verstehen und anwenden konnten, wenn ich sie ihnen zeigte. Die Schritt-für-Schritt-Technik wurde die Grundlage meines Unterrichts, und ich wende sie seitdem überall an. Sie bildet auch das Gerüst dieses Buchs. Wenn die Redensart vom Bild, das mehr sagt als tausend Worte, zutrifft, dann hier.
Die Chinesen haben eine der ältesten Kochtraditionen der Welt. Sie ist einzigartig, weil sie sich unabhängig vom Westen entwickelt hat. Aufgrund der isolierten Lage des Landes, der schlechten Verkehrsverbindungen, des Mangels an Ackerland, Brennstoffen und Kochstellen waren die Köche gezwungen, ihre Kunst der Not anzupassen. Später, als die Chinesen ins Ausland reisten, nahmen sie ihr kulinarisches Erbe mit. Wer also die chinesische Kochkunst verstehen will, muss sich dieses kulturellen Hintergrunds bewusst sein.

In China streben die Köche nach Harmonie. Größe und Form der Nahrungsmittel, Düfte und unterschiedliche Aromen und Strukturen tragen zur Ausgewogenheit des fertigen Gerichts bei. Unser Ziel ist das Gleichgewicht zwischen all diesen Elementen. Menschen, die mir bei der Arbeit zusehen, sind oft überrascht, wie einfach und logisch diese alte Kochkunst ist. Wir verwenden bemerkenswert wenige und einfache Werkzeuge, und die Techniken sind so effektiv, dass sie nun auch in anderen Landesküchen eingesetzt werden.

Chinesisch zu kochen ist nicht kompliziert. Die Schritt-für-Schritt-Fotografien und sorgfältig getesteten Rezepte in diesem Buch erleichtern Ihnen die Arbeit. Vertrauen Sie Ihrem Geschmack, halten Sie sich an die vorgestellten Techniken und Rezepte und ergänzen Sie sie durch eigene Ideen, wenn Sie wollen. Variieren Sie, wie es chinesische Köche seit Jahrhunderten tun. Und testen Sie Ihre chinesischen Lieblingszutaten auch in anderen Gerichten.

Sie werden an diesen einfach zu handhabenden Rezepten Ihre Freude haben und es am Ende mit jedem chinesischen Koch aufnehmen können.

„In China streben die Köche nach Harmonie. Größe und Form der Nahrungsmittel, Düfte und unterschiedliche Aromen und Strukturen tragen zur Ausgewogenheit des fertigen Gerichts bei."

Zutaten und Küchengeräte

ZUTATEN

Seit Jahrzehnten findet man asiatische, vor allem chinesische Zutaten in den Küchen der Welt, und viele davon sind heute im Westen leicht erhältlich. Im Folgenden stelle ich Ihnen die in diesem Buch verwendeten Zutaten vor.

Bok choy (chinesischer Weißkohl)
Es gibt viele Varianten des *bok choy*; die bekannteste Sorte hat einen langen, glatten, milchweißen Stiel und große, faltige, dunkelgrüne Blätter. Je kleiner die Pflanze, desto zarter schmeckt sie. *Bok choy* hat einen leichten, frischen, leicht senfartigen Geschmack und benötigt nur eine kurze Garzeit. Er ist heute in den meisten Supermärkten erhältlich. Achten Sie auf feste, knackige Stiele und makellose Blätter. Bewahren Sie *bok choy* im Gemüsefach des Kühlschranks auf.

Chilis
Chilischoten, die Samenhülsen eines Paprikagewächses, werden im westlichen China sehr häufig verwendet, im Süden weniger. Sie sind frisch, getrocknet oder gemahlen erhältlich. Die vielen verschiedenen Sorten variieren sehr stark in Geschmack und Schärfe.

Frische Chilis
Frische Chilischoten sollten frisch und glänzend aussehen, ohne braune Flecken oder schwarze Punkte. Rote Chilis sind im Allgemeinen milder als grüne, weil sie während des Reifens an Schärfe verlieren, aber es gibt auch einige rote Chilisorten, die sehr würzig sind.

Spülen Sie die Chilis in kaltem Wasser ab und schneiden Sie sie mit einem kleinen, scharfen Messer der Länge nach auf. Entfernen Sie die Kerne, spülen Sie die Chilis noch einmal unter fließendem, kaltem Wasser ab und bereiten Sie sie nach Anweisung zu. Waschen Sie Hände, Messer und Schneidbrett, bevor Sie andere Zutaten verarbeiten, und berühren Sie Ihre Augen nicht, bevor Sie sich nicht gründlich Ihre Hände gewaschen haben.

Getrocknete rote Chilis
Die in China verwendeten getrockneten roten Chilis sind gewöhnlich klein, dünn und etwa 1 cm lang. Man lässt sie normalerweise ganz oder halbiert sie der Länge nach, wobei die Kerne in der Schote bleiben. Sie werden vor allem zum Würzen des Öls genommen, das für pfannengerührte Gerichte, für Saucen und Schmorgerichte verwendet wird. Die Chinesen mögen sie gern geschwärzt und lassen sie während des Garens im Topf; aber da sie äußerst scharf sind, können Sie sie auch sofort entfernen, sobald Sie das Öl damit gewürzt haben. Getrocknete Chilis sind in Asienläden und vielen Supermärkten zu bekommen und halten sich nahezu unbegrenzt in einem fest ver-schlossenen Gefäß. Die meisten Gäste chinesischer Restaurants legen die geschwärzten Chilis beiseite.

Chiliöl/Chili-Dip
Chiliöl wird in China als Dipsauce wie auch als Gewürz genommen. Seine Schärfe variiert je nach den verwendeten Chilis. Die thailändischen und malaysischen Varianten sind sehr scharf, taiwanesische und chinesische etwas milder. Die handelsüblichen Öle sind akzeptabel, aber die selbst gemachte Version ist unübertroffen (Rezept siehe unten). Chiliöl allein ist zum Kochen zu scharf, Sie sollten es mit milderen Ölen mischen. Dieses Rezept enthält auch Pfeffer und schwarze Bohnen für zusätzliche Geschmacksnuancen, das Öl kann ebenfalls als Dipsauce verwendet werden.

150 ml Erdnussöl
2 EL getrocknete rote Chilis, gehackt
1 EL ungeröstete Sichuan-Pfefferkörner
2 EL ganze gesalzene schwarze Bohnen

Einen Wok stark erhitzen, das Öl und die restlichen Zutaten hineingeben. Bei schwacher Hitze etwa 10 Minuten garen, dann vom Herd nehmen und abkühlen lassen. Die Mischung in ein Gefäß gießen und 2 Tage stehen lassen, dann das Öl durch ein Sieb gießen. In einem fest verschlossenen Glasgefäß und lichtgeschützt aufbewahrt ist das Öl lange haltbar.

Chilipulver
Chilipulver wird aus getrockneten roten Chilis hergestellt und in vielen Gerichten verwendet. Würzen Sie damit nach Geschmack.

Chinakohl
Dieses köstliche, knackige Gemüse gibt es in verschiedenen Größen, von langen, kompakten, fassförmigen bis zu kurzen, stämmigen Sorten. Die Köpfe haben eng zusammenstehende, feste, hellgrüne (manchmal auch leicht gelbliche) Blätter. Chinakohl wird meist für Suppen und pfannengerührte Fleischgerichte verwendet. Viele Chefköche schätzen ihn wegen seiner Fähigkeit, Aromen aufzunehmen, wegen seiner Beschaffenheit und seines angenehmen Geschmacks. Bewahren Sie Chinakohl wie normalen Kohl auf.

Chinesischer Blütenkohl
Chinesischer Blütenkohl *(choi sum)* gehört zur senfgrünen Kohlfamilie. Er hat grüne Blätter und manchmal kleine gelbe Blüten, die mit den Blättern und Stielen gegessen werden können. In China ist er eines der beliebtesten Blattgemüse für pfannengerührte Gerichte.

Eiweiß
In chinesischen Rezepten wird Eiweiß für Teige verwendet und als Überzug für bestimmte Zutaten, um deren Aroma einzuschließen, wenn sie in heißes Öl gegeben werden. Dies ist bei einer speziellen Zubereitungsmethode wichtig, bei der das Gargut in einer Mischung aus Eiweiß, Stärkemehl und anderen Zutaten gewälzt und dann in Öl oder Wasser blanchiert wird. Ein großes Eiweiß entspricht etwa 2 EL. Sie können Eiweiß in esslöffelgroßen Portionen in einem Eiswürfelbehälter einfrieren.

Erdnüsse
Rohe Erdnüsse werden in der chinesischen Küche häufig als knackige Geschmacksvariante verwendet. Mariniert oder als Zugabe zu Kurzgebratenem schmecken sie besonders gut. Die dünnen roten Häutchen sollten vor der Verwendung entfernt werden. Dazu tauchen Sie die Nüsse etwa 2 Minuten in einen Topf mit

Grüne und rote frische Chilischoten; getrocknete rote Chilischoten

Im Uhrzeigersinn von links oben: Pak Soi *(pak choy)*, chinesischer Blütenkohl, Koriander, *bok choy*

kochendem Wasser, lassen sie abtropfen und abkühlen; dann können Sie die Häutchen leicht entfernen.

Essig

Essig wird in der chinesischen Küche sehr oft benutzt. Anders als im Westen wird er meist aus Reis hergestellt. Es gibt viele Sorten, die im Geschmack von würzig und leicht sauer bis süß und scharf reichen. Sie sind in Asienläden erhältlich und halten sich nahezu unbegrenzt. Falls Sie keinen chinesischen Essig bekommen können, nehmen Sie Apfelessig. Zur Not kann Malzessig als Ersatz dienen, aber er schmeckt säuerlicher.

Weißer Reisessig

Dieser klare Essig hat ein mildes Aroma und schmeckt leicht nach Klebreis. Er wird für süße und saure Gerichte verwendet.

Schwarzer Reisessig

Dieser Essig ist sehr dunkel, gehaltvoll und mild. Er wird für Saucen, Schmorgerichte und als Dip für Krabben genommen.

Knoblauch und Ingwer

Roter Reisessig

Roter Essig ist süß und würzig und wird als Dip für Meeresfrüchte verwendet.

Frühlingsrollen-Teigblätter

Die papierdünnen, viereckigen, 15 cm langen Platten bestehen aus einem weichen Mehl-Wasser-Teig. Sie sind in Päckchen mit 20 Stück in Asienläden zu bekommen und halten sich in Frischhaltefolie sehr gut im Gefrierfach.

Frühlingszwiebeln

Die Rezepte dieses Buches bieten viele Möglichkeiten, Frühlingszwiebeln sowohl zum Kochen als auch zum Garnieren zu verwenden. Zuerst entfernen Sie die äußerste Schale, falls sie gequetscht ist. Schneiden Sie die Spitzen und das untere Ende ab und entfernen Sie alle beschädigten grünen Teile.

Zum Feinhacken vierteln Sie die Zwiebeln der Länge nach und schneiden sie dann quer in kleine Stücke. Für kleine Streifen halbieren Sie die Zwiebeln quer und schneiden sie dann längs in sehr feine Streifen. Damit sich die Streifen für eine hübsche Garnierung kräuseln, geben Sie sie in eine Schüssel mit eiskaltem Wasser. Frühlingszwiebeln können einfach in unterschiedlich dicke Ringe geschnitten werden, auch schräg, was als Garnierung sehr nett aussieht.

Fünf-Gewürze-Pulver

Diese Mischung ist immer häufiger im Gewürzregal der Supermärkte zu finden, und Asienläden haben sie stets auf Lager. Das Pulver besteht aus gemahlenem Sternanis, Fenchel, Sichuan-Pfefferkörnern, Nelken und Zimt. Achten Sie auf die Qualität. Ein gutes Pulver ist scharf, würzig, süßlich und gibt Gerichten einen exotischen Duft. Es ist in einem fest verschlossenen Gefäß fast unbegrenzt haltbar.

Garnelen

Für die meisten Rezepte dieses Buches benötigen Sie mittelgroße bis große rohe Garnelen mit Schale. Sie sind aromatischer und saftiger als gekochte Garnelen. Vor dem Kochen sollte die Schale und bei großen Garnelen der Darmfaden entfernt werden. Dazu drehen Sie den Kopf ab, werfen ihn weg, brechen mit den Fingern die Schale an der Unterseite auf und ziehen sie ab. Mit einem kleinen, scharfen Messer schneiden Sie die Rückseite der Garnele ein und ziehen den dunklen Darmfaden heraus. Das Schwanzstück können Sie zur Dekoration am Körper lassen.

Ingwer

Frischer Ingwer ist eine unverzichtbare Zutat in der chinesischen Küche. Der kräftige, würzige Geschmack verleiht Suppen, Fleisch und Gemüse ein feines, aber unverwechselbares Aroma. Er ist außerdem ein wichtiges Gewürz für Fisch und Meeresfrüchte, weil er fischige Gerüche neutralisiert.

Die Ingwerwurzel sieht aus wie eine knorrige Jerusalem-Artischocke (Topinambur) und ist 7,5–15 cm lang. Wählen Sie feste, nicht verschrumpelte Stücke und schälen Sie sie vor Gebrauch. Ingwer hält sich im Kühlschrank, in Frischhaltefolie eingewickelt, etwa 2 Wochen. Ingwerpulver hat einen ganz anderen Geschmack und eignet sich nicht als Ersatz.

In den meisten Rezepten dieses Buches, die Ingwer verlangen, soll er fein zerkleinert oder gehackt werden. Um Ingwer zu zerkleinern, schneiden Sie ein Stück der Länge nach in dünne Scheiben, die Sie stapeln und wieder der Länge nach in feine Streifen schneiden. Für gehackten Ingwer schneiden Sie diese feinen Streifen quer in kleine Stücke.

Knoblauch

Knoblauch ist in der chinesischen Küche seit vielen Jahrhunderten ein überaus wichtiges Gewürz. Tatsächlich ist chinesisches Essen ohne seinen charakteristischen Geschmack undenkbar. Knoblauch aromatisiert Öle und Saucen und wird oft mit Frühlingszwiebeln, schwarzen Bohnen oder Ingwer kombiniert.

Wählen Sie feste, vorzugsweise rötliche Knollen. Lagern Sie sie kühl und trocken, aber nicht im Kühlschrank, wo sie leicht schimmelig werden oder keimen.

Koriander (chinesische Petersilie)

Koriander ist eines der wenigen Kräuter, die in der chinesischen Küche Verwendung finden. Er ähnelt glattblättriger Petersilie, aber sein kräftiges, moschusartiges, zitronenähnliches Aroma gibt ihm einen unverwechselbaren Charakter. Seine zarten Blätter werden oft als Garnierung benutzt, oder sie werden gehackt und unter Saucen und Füllungen gemischt. Man kann Koriander durch Petersilie ersetzen, obwohl der Geschmack nicht derselbe ist.

Im Uhrzeigersinn von links oben: Strohpilze, Mu-Err-Pilze, Shiitake-Pilze, Holzohrpilze

Achten Sie beim Kauf auf dunkelgrüne Blätter; wenn er schlaffe, gelbliche Blätter hat, ist er nicht mehr frisch. Um Koriander aufzubewahren, waschen Sie ihn in kaltem Wasser, lassen ihn sorgfältig abtropfen (am besten verwenden Sie eine Salatschleuder) und wickeln ihn in Küchenkrepp. Im Gemüsefach des Kühlschranks sollte er sich einige Tage halten.

Nudeln

In China isst man Nudeln aller Art, bei Tag und Nacht, in Restaurants und an Imbissbuden. Sie liefern die Grundlage für nahrhafte, schnelle, leichte Mahlzeiten und sind gewöhnlich von guter Qualität. Einige chinesische Nudelsorten sind inzwischen auch im Westen beliebt.

Glasnudeln

Diese sehr feinen weißen Nudeln aus gemahlenen Mungobohnen sind getrocknet, bündelweise in Tüten verpackt, in Asienläden und Supermärkten erhältlich.

Glasnudeln werden niemals allein serviert, sondern zu Suppen oder Schmorgerichten gereicht oder frittiert als Garnierung verwendet.

Weichen Sie sie zuerst etwa 5 Minuten in warmem Wasser ein. Da sie ziemlich lang sind, können Sie sie danach kleiner schneiden. Wollen Sie die Nudeln braten, müssen sie nicht eingeweicht werden, aber Sie sollten die Fäden voneinander trennen. Geben Sie die Nudeln dazu in eine große Papiertüte, damit sie nicht überall herumfliegen.

Reisnudeln
Diese getrockneten Nudeln sind milchig weiß und werden in verschiedenen Formen angeboten. Besonders beliebt sind Reisstäbchennudeln; sie sind flach und etwa so lang wie Essstäbchen. Reisnudeln lassen sich sehr leicht zubereiten. Weichen Sie sie etwa 20 Minuten in warmem Wasser ein, bis sie weich sind, dann lassen Sie sie in einem Sieb abtropfen. Nun können sie für Suppen oder Pfannengerichte weiter verarbeitet werden.

Weizen- und Eiernudeln
Diese Nudeln sind getrocknet oder frisch erhältlich. Sie werden aus Hartweizen oder weichem Weizenmehl, Wasser und manchmal

Eiern hergestellt; in letzterem Fall heißen sie dann Eiernudeln. Flache Nudeln werden gewöhnlich in Suppen verwendet, runde Nudeln sind zum Braten am besten. Frische Nudeln lassen sich fest verpackt gut einfrieren. Lassen Sie sie vor dem Kochen vollständig auftauen.

Getrocknete Weizen- oder frische Eiernudeln können sehr gut statt Reis als Beilage zu Hauptgerichten serviert werden. Wenn Sie die Nudeln im Voraus oder vor dem Braten kochen, schwenken Sie die gegarten, abgetropften Nudeln in 2 EL Sesamöl und geben sie in eine Schüssel. Mit Frischhaltefolie bedeckt, können sie bis zu 2 Stunden im Kühlschrank aufbewahrt werden.

Öle
Öl ist die gebräuchlichste Kochzutat in China, obwohl in einigen Gegenden, besonders im Norden, auch tierische Fette wie Schweineschmalz und Hühnerfett verwendet werden.

Damit Sie Öl nach dem Frittieren wieder verwenden können, lassen Sie es abkühlen und filtern Sie es dann durch ein Baumwolltuch oder ein feines Sieb in ein Gefäß. Verschließen Sie es und lagern Sie es kühl und trocken. Im Kühlschrank aufbewahrtes Öl wird trübe, bei Raumtemperatur wird es aber wieder klar. Öl sollte nur einmal erneut verwendet werden, da sich der Anteil an gesättigten Fettsäuren bei jeder Verwendung erhöht.

Erdnussöl
Ich bevorzuge dieses Öl, weil es einen angenehmen, unaufdringlichen Geschmack hat. Es hat zwar einen höheren Anteil gesättigter Fettsäuren als andere Öle, eignet sich aber perfekt zum Braten und Frittieren, weil es sehr stark erhitzt werden kann, ohne zu verbrennen. Die meisten Supermärkte führen Erdnussöl, aber Sie können es durch Maiskeimöl ersetzen.

Maiskeimöl
Maiskeimöl ist für die chinesische Küche ebenfalls gut geeignet, weil es hoch erhitzbar ist. Ich finde es jedoch eher fade im Geschmack, und es riecht etwas unangenehm. Es ist reich an mehrfach ungesättigten Fettsäuren und deshalb eines der gesünderen Öle.

Sesamöl
Dieses dickflüssige, wertvolle, goldbraune Öl aus Sesamsaat hat ein charakteristisches, nus-

Im Uhrzeigersinn von links oben: flache Weizennudeln, Glasnudeln, Eiernudeln, Reisnudeln, runde Weizennudeln

siges Aroma. Es ist in der chinesischen Küche als Gewürz weit verbreitet, wird aber normalerweise nicht zum Braten verwendet, da es schnell verbrennt. Es dient eher als aromatisierendes Öl zur Abrundung eines Gerichts.

Andere pflanzliche Öle
Sojabohnen-, Distel- und Sonnenblumenöl sind preiswerte pflanzliche Öle. Diese hellen und leicht schmeckenden Öle können ebenfalls in der chinesischen Küche verwendet werden, aber sie rauchen und verbrennen bei niedrigeren Temperaturen als Erdnussöl.

Pilze

Chinesische Pilze, getrocknet
Davon gibt es viele Varianten, die meist schwarz oder braun sind, aber die sehr großen, hellen mit rissiger Oberfläche sind die besten. Sie sind gewöhnlich am teuersten. Getrocknete Pilze erhält man in Schachteln oder Plastikfolien in Asienläden. Lagern Sie sie in einem luftdicht verschlossenen Gefäß.

Weichen Sie getrocknete Pilze etwa 20 Minuten in warmem Wasser ein, bis sie weich und biegsam sind. Drücken Sie das überschüssige Wasser aus und entfernen Sie die holzigen Stiele. Nur die Köpfe werden benutzt. Das Einweichwasser kann für Suppen oder zum Reiskochen verwendet werden. Seihen Sie es durch ein feines Sieb, um Sand oder Rückstände der getrockneten Pilze zu entfernen.

Mu-Err-Pilze
Diese kleinen, schwarzen, getrockneten Pilze heißen auch Wolkenohrpilze, weil sie sich beim Einweichen aufplustern wie kleine Wolken. Man schätzt sie wegen ihrer knackigen Beschaffenheit und ihres leicht rauchigen Geschmacks. Sie erhalten Mu-Err-Pilze in Asienläden und vielen Supermärkten, gewöhnlich in Tüten verpackt. Sie halten sich nahezu unbegrenzt in einem kühl und trocken gelagerten Gefäß. Weichen Sie sie vor der Verwendung etwa 20–30 Minuten in heißem Wasser ein, spülen Sie sie gut aus und schneiden Sie alle harten Teile weg.

Chinesische Holzohrpilze
Sie sind eine größere Variante der Mu-Err-Pilze. Sie werden vor dem Gebrauch auf die gleiche Weise vorbereitet. Während des Einweichens schwellen sie auf das Vier- oder Fünffache ihrer Größe an. Kühl und trocken gelagert sind sie fast unbegrenzt haltbar.

Strohpilze
Sie gehören zu den schmackhaftesten chinesischen Pilzen. Bei uns sind sie in Dosen in Asienläden oder Feinkostgeschäften erhältlich. Man lässt sie vor dem Gebrauch abtropfen und spült sie in kaltem Wasser aus.

Reis
In China gibt es viele verschiedene Reissorten; am häufigsten wird Langkornreis verwendet. Die Chinesen waschen den Reis, doch bei den im Supermarkt erhältlichen Sorten ist dies nicht notwendig. Wenn Sie Reis waschen möchten, geben Sie ihn in eine große Schüssel mit kaltem Wasser und rühren Sie ihn mit den Händen um. Erneuern Sie das Wasser so lange, bis es klar bleibt.

Salz
Tafelsalz ist sehr fein gemahlen, aber viele Köche glauben, dass das gröbere Meersalz ein

Riesengarnelen

Im Uhrzeigersinn von oben: Chili-Bohnen-Sauce, Hoisinsauce, Gelbe Bohnensauce, Austernsauce, Chiliöl

volleres Aroma hat. Meersalz findet man häufig in Kisten auf chinesischen Märkten. Steinsalz wird oft für eine bestimmte Art von *chaozhou* (eine südchinesische Spezialität) verwendet, besonders für Hähnchengerichte.

Saucen und Pasten

Zur chinesischen Küche gehört eine ganze Reihe schmackhafter Saucen und Pasten. Für eine authentische chinesische Küche sind sie unverzichtbar. Die meisten werden in Flaschen oder Dosen in Asienläden und einigen Supermärkten verkauft. Sind die Dosen einmal geöffnet, sollte man die Saucen in verschließbaren Glasbehältern im Kühlschrank aufbewahren. Dort halten sie sich sehr lange.

Austernsauce

Diese dickflüssige, braune Sauce wird aus einem in Sojasauce und Salzwasser gekochten Austernkonzentrat hergestellt. Trotz ihres Namens schmeckt Austernsauce nicht fischig; sie hat ein volles Aroma und wird nicht nur zum Kochen verwendet, sondern, verdünnt mit etwas Öl, auch als Gewürz für Gemüse, Ge-

flügel und Fleisch. Sie ist – meist in Flaschen – in Asienläden und Supermärkten erhältlich. Man bewahrt sie am besten im Kühlschrank auf. Inzwischen ist auch eine vegetarische Austernsauce mit Pilzen auf dem Markt.

Chili-Bohnen-Sauce

Diese dickflüssige, dunkle Sauce oder Paste wird aus Sojabohnen, Chilischoten und anderen Gewürzen hergestellt und ist scharf und würzig. Das Gefäß sollte nach Gebrauch fest verschlossen und in der Speisekammer oder im Kühlschrank gelagert werden. Verwechseln Sie die Sauce nicht mit Chilisauce (siehe unten), einem schärferen und dünnflüssigeren Gewürz, das ohne Bohnen hergestellt wird.

Chilisauce

Diese scharfe, leuchtend rote Sauce wird aus Chilischoten, Essig, Zucker und Salz hergestellt und hauptsächlich als Dipsauce verwendet. Es gibt sie unter den verschiedensten Markennamen in Asienläden und vielen Supermärkten. Probieren Sie, welche Ihnen am besten schmeckt. Wenn Ihnen die Sauce zu scharf ist, verdünnen Sie sie mit heißem Wasser. Verwechseln Sie sie nicht mit Chili-Bohnen-Sauce (siehe oben), die viel dickflüssiger und dunkler ist und zum Kochen verwendet wird.

Gelbe-Bohnen-Sauce

Diese würzige Sauce wird aus gelben Bohnen, Mehl und Salz hergestellt, die zusammen fermentiert werden. Sie ist recht salzig und verleiht chinesischen Saucen ein charakteristisches Aroma. Es gibt zwei Sorten: mit ganzen und mit pürierten Bohnen. Ich nehme die Sauce mit ganzen Bohnen, weil sie weniger salzig und von besserer Konsistenz ist.

Hoisinsauce

Die dickflüssige, dunkle, bräunlich rote Sauce wird aus Sojabohnen, Essig, Zucker, Gewürzen und anderen Aromen hergestellt und schmeckt süß und würzig. Sie ist in Dosen und Gläsern in Asienläden und Supermärkten erhältlich und kühl gelagert fast unbegrenzt haltbar.

Sesampaste

Diese reichhaltige, dicke, cremige braune Paste wird aus Sesamsaat hergestellt und sowohl in warmen wie in kalten Gerichten verwendet. Falls Sie sie nicht bekommen können, nehmen Sie Erdnussbutter, die von ähnlicher Konsistenz ist. Verwechseln Sie sie nicht mit *Tahini*, der Sesamsaat-Paste aus dem Nahen Osten, ihr Aroma ist nicht so kräftig.

Sojasauce

Sojasauce ist ein Grundbestandteil der chinesischen Küche. Sie wird hergestellt, indem man eine Mischung aus Sojabohnen, Mehl und Wasser fermentieren lässt und sie einige Monate lagert. Die Flüssigkeit wird dann zur Sojasauce destilliert.

Es gibt zwei Hauptsorten. Helle Sojasauce ist von heller Farbe, besitzt aber ein volles Aroma und ist besser zum Kochen geeignet als die andere Sorte. Sie ist salziger als dunkle Sojasauce. Dunkle Sojasauce wird viel länger gelagert als helle, deshalb ist sie dunkler, fast schwarz. Sie ist auch dickflüssiger und stärker und eignet sich mehr für Eintöpfe. Ich ziehe sie als Dipsauce der hellen Sauce vor.

In Supermärkten wird überwiegend dunkle Sojasauce verkauft, in Asienläden sind beide Sorten in ausgezeichneter Qualität erhältlich.

Schinken

Chinesischer Schinken hat einen vollen, salzigen Geschmack und wird in erster Linie als Garnierung oder als Würze für Suppen, Kurzgebratenes, Saucen, Nudeln und Reis verwendet. Parmaschinken oder anderer magerer geräucherter Schinken ist ein guter Ersatz.

Schwarze Bohnen, gesalzen

Diese kleinen schwarzen Sojabohnen werden durch Fermentation mit Salz und Gewürzen konserviert. Sie sind eine schmackhafte Würze, besonders zusammen mit Knoblauch oder Ingwer. Die preiswerten Bohnen sind in Asienläden in Dosen oder Tüten erhältlich. Sie können sie vor Gebrauch abspülen; ich zerkleinere sie auch gern ein wenig, um ihr kräftiges Aroma freizusetzen. Nicht benötigte Bohnen und Flüssigkeit können Sie in einem verschlossenen Gefäß im Kühlschrank fast unbegrenzt aufbewahren. Inzwischen ist im Supermarkt auch Schwarze-Bohnen-Sauce erhältlich, die in vielen Fällen ein guter Ersatz ist.

Schweinenetz

Schweinenetz ist ein hauchzartes, netzartiges Gewebe aus dem Zwerchfell von Schweinen. Es schmilzt während des Garens und wird von europäischen und chinesischen Köchen oft verwendet, um Füllungen einzuwickeln und Fleisch saftig zu halten. Sie erhalten Schweinenetz bei Ihrem Metzger. Es ist sehr leicht verderblich, also kaufen Sie es nur in kleinen Mengen und verbrauchen Sie es bald. Für eine längere Lagerung wickeln Sie das Schweinenetz sorgfältig ein und frieren es ein. Zum Auftauen spülen Sie es mit kaltem Wasser ab. Wenn Sie das Netz vor Gebrauch in kaltem Wasser einweichen, löst sich das Fett beim Garen leichter ab.

Sesamsaat

Dies sind die getrockneten Samen des Sesamkrauts. Ungeschält sind die Körner grauweiß bis schwarz. Die winzigen geschälten Körnchen sind cremefarben und an einem Ende spitz. In einem Glasgefäß kühl und trocken gelagert, halten sie sich nahezu unbegrenzt.

Um Sesamsaat zu rösten, erhitzen Sie eine Pfanne, geben die Körnchen hinein und rühren gelegentlich um. Sie dürfen nicht verbrennen. Nach etwa 3–5 Minuten werden sie braun, rühren Sie dann noch einmal um und lassen Sie die Saat auf einem Teller auskühlen. Sie sollte in einem Glasgefäß kühl und dunkel lagern.

Sie können die Sesamsaat auch auf einem Backblech verteilen und im vorgeheizten Ofen bei 160 °C (Umluft 140 °C, Gas Stufe 1–2) etwa 10–15 Minuten rösten, bis sie braun ist.

Shaoxing-Reiswein

Reiswein wird in ganz China ausgiebig zum Kochen verwendet und gern getrunken. Der beste Reiswein kommt meiner Meinung nach aus Shaoxing in der Provinz Zhejiang im Osten Chinas. Er wird aus Klebreis, Hefe und Quellwasser hergestellt. Shaoxing-Reiswein ist in Asienläden und einigen Weinhandlungen erhältlich; er sollte fest verkorkt bei Raumtemperatur gelagert werden. Er kann durch einen hellen, trockenen Sherry guter Qualität ersetzt werden, der jedoch nicht den ausgereiften Geschmack des Reisweins erreicht. Verwechseln Sie diesen Wein nicht mit *Sake*, dem japanischen Reiswein, der ganz anders schmeckt. Auch Traubenwein ist kein adäquater Ersatz.

Sherry

Wenn Sie keinen Reiswein bekommen, nehmen Sie einen trockenen, hellen Sherry von guter Qualität, keinen süßen oder cremigen.

Frühlingszwiebeln (von oben): fein gehackt, zerkleinert, in Ringe geschnitten, in schräge Ringe geschnitten

Sichuan-Pfefferkörner

Dieser Pfeffer wird in China auch „Blumen-pfeffer" genannt, weil die Körner sich öffnen-den Blütenknospen ähneln. Sie sind die getrockneten Beeren eines zur Zitrusfamilie gehörenden Strauchs, sind rötlich braun und haben einen beißenden Geruch, der sie von den schärferen schwarzen Pfefferkörnern unterscheidet. Ihr Geruch erinnert an Laven-del, aber sie schmecken scharf und würzig.

Die Pfefferkörner sind preiswert und in ei-nem gut verschlossenen Behälter unbegrenzt lagerfähig. Vor dem Mahlen werden sie oft geröstet, damit das ganze Aroma voll zur Geltung kommt. Dazu erhitzen Sie einen Wok oder eine Pfanne auf mittlere Temperatur. Geben Sie die Pfefferkörner hinein (etwa 150 g pro Portion) und braten Sie sie unter Rühren etwa 5 Minuten, bis sie leicht braun werden und zu rauchen beginnen. Nehmen Sie die Pfanne vom Herd und lassen Sie die Körner abkühlen. Nun können Sie die Körner mahlen und in einem fest verschließbaren Gefäß lagern. Sie können auch die ganzen gerös-teten Körner in einem gut verschlossenen Behälter aufbewahren und bei Bedarf mahlen.

Spinat

Westliche Spinatvarianten unterscheiden sich sehr von den in China verwendeten, sie kön-nen aber als Ersatz genommen werden. Spinat wird in aller Regel in der Pfanne kurz gebraten, deshalb ist tiefgekühlter Spinat wegen seiner Feuchtigkeit nicht geeignet. Chinesischer Wasserspinat ist die häufigste Sorte in China und manchmal in Asienläden erhältlich. Er hat hohle Stiele, spitze, grüne Blätter und eine hel-lere Farbe und milderes Aroma als gewöhnli-cher Spinat. Er sollte ganz frisch verwendet werden, am besten gleich nach dem Kauf.

Stärkemehl

In China gibt es viele Mehl- und Stärkesorten, wie Wasserkastanienpulver, Tarostärke und Pfeilwurz. Sie werden hauptsächlich dazu verwendet, Zutaten zu verbinden, Saucen einzudicken und Teige herzustellen. Diese exotischen Stärke- und Mehlsorten sind außerhalb Chinas nur schwer zu bekommen, aber für meine Rezepte kann man auch gut Stärkemehl nehmen. Es verleiht Gerichten eine samtartige Beschaffenheit. Außerdem schützt es Nahrungsmittel während des Frittierens, weil sie dadurch saftig bleiben, und es kann als Bindemittel in gehackten Füllun-gen verwendet werden. Verrühren Sie das Stärkemehl mit etwas kaltem Wasser zu einer weichen Paste, bevor Sie es an die Saucen geben. Beim Garen wird die Paste klar und glänzend.

Sternanis

Sternanis, die Samenkapsel einer Strauch-pflanze, ist ein hartes, sternförmiges Gewürz. Er ähnelt gewöhnlichem Anis, schmeckt aber kräftiger und riecht lakritzähnlicher. Sternanis ist ein Bestandteil des Fünf-Gewürze-Pulvers (siehe dort) und wird gern für Schmorgerichte verwendet. Er ist in Asienläden in Plastik-packungen verpackt erhältlich und sollte in einem verschlossenen Gefäß kühl und trocken gelagert werden.

Tofu

Tofu ist sehr nahrhaft und eiweißreich. Er hat eine unverwechselbare Beschaffenheit, aber wenig Eigengeschmack. Tofu wird aus gelben Sojabohnen hergestellt, die eingeweicht, ge-mahlen und mit Wasser vermischt werden. Dann kocht man die Masse kurz und lässt sie fest werden. Frischer Tofu ist als fester Kuchen oder als weicher Quark erhältlich; außerdem gibt es ihn getrocknet und fermentiert. Weicher Tofu wird für Suppen verwendet, während die feste Sorte zum Braten, Schmoren und Düns-ten gut geeignet ist. Feste Tofuschnitten sind weiß und in Supermärkten und Asienläden so-wie in vielen Reformhäusern und Naturkost-läden erhältlich. Sie sind in mit Wasser gefüll-ten Plastikbehältern verpackt und können im Kühlschrank bis zu 5 Tage aufbewahrt werden, wenn man täglich das Wasser wechselt.

Fester Tofu wird mit einem scharfen Messer in Würfel oder Stücke geschnitten. Sie sollten dabei und bei der Weiterverarbeitung vorsich-tig sein, denn Tofu zerbröselt leicht.

Wan-Tan-Teigblätter

Diese dünnen, gelblichen, Kuchenteig ähnli-chen Blätter aus Eiern und Mehl können mit Hackfleisch gefüllt und dann gebraten, ge-dämpft oder in Suppen verwendet werden. Sie sind frisch oder tiefgefroren in Asienläden und Supermärkten erhältlich, wo sie in Plastik-verpackungen mit kleinen Stapeln von 8 cm großen Quadraten angeboten werden. Frische

Im Uhrzeigersinn von oben: frische Wasserkastanien, Sternanis, Sichuan-Pfefferkörner, Wan-Tan-Teigblätter

Wan-Tan-Teigblätter halten sich, in Frischhaltefolie oder eine Plastiktüte eingewickelt, etwa 5 Tage im Kühlschrank. Bei tiefgekühlten Teigblättern entnehmen Sie nur die benötigte Anzahl und lassen sie vollständig auftauen.

Wasserkastanien
Wasserkastanien, etwa walnussgroße weiße, süße Knollen, werden in China mit Kandiszucker gegart und als Snack gegessen und im Süden auch in gekochten Speisen verwendet.

Im Westen führen viele Supermärkte und Asienläden Wasserkastanien in Dosen. Sie sind von guter Beschaffenheit, haben aber wenig Geschmack. Spülen Sie sie vor Gebrauch in kaltem Wasser gut ab und lagern Sie die nicht verwendeten Wasserkastanien in einem Gefäß mit kaltem Wasser. Sie halten sich mehrere Wochen im Kühlschrank, wenn Sie das Wasser täglich wechseln. In Asienläden und guten Supermärkten erhalten Sie manchmal auch frische Wasserkastanien. Sie schmecken besser als die Dosenware und halten sich ungeschält in einer Papiertüte im Kühlschrank bis zu 2 Wochen. Schälen Sie sie vor Gebrauch und stellen Sie die übrig gebliebenen Kastanien mit kaltem Wasser bedeckt zurück in den Kühlschrank.

Zucker
Sparsam verwendet unterstützt Zucker die Aromen von Saucen und anderen Gerichten. Chinesischen Zucker gibt es in verschiedenen Formen: als Kandis oder gelben Würfelzucker, als braunen Zucker in Scheiben und als Malzzucker. Ich verwende gern Kandis, der ein feineres Aroma als raffinierter Kristallzucker hat und Schmorgerichten und Saucen einen schönen Glanz verleiht. Er ist in Päckchen in Asienläden erhältlich. Sie müssen die Stücke eventuell mit einem Holzhammer oder Nudelholz in kleinere Teile zerbrechen. Als Ersatz können Sie weißen Zucker nehmen.

Zuckererbsen
Dieses zarte, knackige Gemüse schmeckt süß und frisch. Achten Sie auf feste Schoten mit sehr kleinen Erbsen, dann sind sie zart und jung. Zuckererbsen halten sich etwa 1 Woche im Gemüsefach des Kühlschranks.

KÜCHENGERÄTE

Für die Zubereitung chinesischer Speisen ist eine spezielle Küchenausrüstung zwar nicht erforderlich, sie erleichtert aber oftmals die Arbeit. Diese Geräte sind seit Jahrhunderten in Gebrauch und haben sich bewährt. Wenn Sie mit Woks und Tontöpfen erst einmal vertraut sind, haben Sie die kulinarische Welt Chinas betreten.

Wok

Um richtig chinesisch kochen zu können, brauchen Sie einen Wok. Dieses vielseitige Gerät wird zum Braten, Blanchieren, Frittieren und Dämpfen verwendet. Seine Form ermöglicht Energie sparendes, schnelles und gleichmäßiges Erhitzen und Garen. Beim Pfannenrühren verhindern die hohen Seiten, dass Zutaten herausfallen. Zum Frittieren benötigen Sie wegen des gewölbten Bodens viel weniger Öl.

Es gibt zwei Grundformen: den traditionellen kantonesischen Wok mit kurzen, abgerundeten Griffen auf jeder Seite, und den *pau*, manchmal auch Peking-Wok genannt, der einen 30–35 cm langen Griff besitzt. Der lange Griff hält die Hände in sicherem Abstand von spritzendem heißem Öl oder Wasser.

Der Standard-Wok mit abgerundetem Boden kann nur auf Gasherden benutzt werden. Es gibt jedoch auch Woks mit flacheren Böden speziell für Elektroherde. Obwohl diese Woks den Sinn des traditionellen Designs nicht mehr erfüllen, nämlich die Hitze in der Mitte zu konzentrieren, sind sie normalen Bratpfannen wegen der höheren Seiten vorzuziehen.

Einen Wok auswählen

Wählen Sie einen Wok mit etwa 30–35 cm Ø und hohen Seitenwänden. Es ist einfacher und sicherer, eine kleine Portion in einem großen Wok zu kochen, als eine große Menge in einem kleinen. Einige moderne Woks sind zu niedrig oder haben einen zu flachen Boden und sind deshalb nicht besser als eine Bratpfanne. Ein schwerer Wok, etwa aus Karbonstahl, ist dem leichteren Edelstahl- oder Aluminium-Modell vorzuziehen, das keine große Hitze verträgt, schnell schwarz wird und in dem das Essen anbrennt. Inzwischen sind auch gute beschichtete Karbonstahl-Woks auf dem Markt, die die Hitze lange speichern. Sie verlangen etwas Sorgfalt, um Kratzer zu vermeiden, können

aber bedenkenlos empfohlen werden, nachdem ihre Qualität in den letzten Jahren verbessert wurde. Diese Woks erweisen sich als besonders nützlich bei der Zubereitung stark säurehaltiger Zutaten wie Zitronen.

Den Wok vorbereiten

Alle Woks außer den antihaftbeschichteten müssen vor dem ersten Gebrauch behandelt werden. Viele muss man abschrubben, um das Maschinenöl zu entfernen, das der Hersteller als Transportschutz aufgetragen hat. Dies ist das einzige Mal, dass Sie Ihren Wok scheuern müssen – es sei denn, er rostet.

Reinigen Sie den Wok mit Scheuermilch und Wasser, um so viel Maschinenöl wie möglich zu entfernen. Trocknen Sie ihn und stellen Sie ihn bei schwacher Hitze auf die Herdplatte. Geben Sie 2 EL Öl in den Wok und reiben Sie ihn mit Küchenkrepp aus, bis die ganze Oberfläche leicht mit Öl überzogen ist. Erhitzen Sie den Wok langsam für etwa 10–15 Minuten und wischen Sie ihn dann nochmals sorgfältig mit Küchenkrepp aus. Das Papier wird vom Maschinenöl schwarz. Wiederholen Sie die Prozedur des Einölens, Erhitzens und Auswischens, bis das Papier sauber bleibt. Es ist normal, wenn Ihr Wok dann durch den Gebrauch wieder dunkler wird.

Den Wok reinigen

Nach dieser Vorreinigung sollte Ihr Wok nicht mehr mit Seifenlauge in Berührung kommen. Säubern Sie ihn nach Gebrauch nur mit klarem Wasser und trocknen Sie ihn sorgfältig; am besten stellen Sie ihn bei schwacher Hitze für 1–2 Minuten auf den Herd. Falls er doch etwas Rost ansetzen sollte, müssen Sie ihn mit Scheuermilch reinigen und erneut vorbereiten.

Pfannenrühren im Wok

Das Wichtigste beim Pfannenrühren ist, dass Sie alle Zutaten vorbereitet und zur Hand haben – dies ist eine sehr schnelle Garmethode und Sie haben während des Kochens keine Zeit mehr zum Herrichten.

Erhitzen Sie den Wok, bis er sehr heiß ist, geben Sie dann das Öl hinein und verteilen Sie es gleichmäßig mit einem Pfannenheber oder einem Kochlöffel. Das Öl sollte sehr heiß sein und fast rauchen, bevor Sie die Zutaten in den Wok geben.

Bewegen Sie die Zutaten beim Braten mit einem Pfannenheber oder einem Kochlöffel beständig hin und her. Lassen Sie Fleisch auf jeder Seite einige Sekunden liegen, bevor Sie weiterrühren. Bewegen Sie die Zutaten immer von der Mitte des Woks zu den Seiten.

Ich bevorzuge einen Wok mit langem Griff, da das Öl wegen der hohen Gartemperaturen häufig nach allen Seiten spritzt.

Wok-Zubehör

Der Standring
Dies ist ein Metallring oder -gestell, mit dem traditionell gerundete Woks gerade auf der Herdplatte stehen können. Er ist unentbehrlich, wenn Sie Ihren Wok zum Dämpfen, Frittieren oder Schmoren verwenden. Standringe gibt es in zwei Ausführungen: als breiten Ring mit etwa sechs Luftlöchern und als rundes Gestell aus dünnem Draht. Wenn Sie einen Gasherd haben, nehmen Sie die zweite Variante; die kompaktere Variante verhindert eine ausreichende Belüftung und kann zu einer Ansammlung von Gas führen, die die Flamme erstickt.

Der Deckel
Die leichte, gewölbte Bedeckung, meist aus Aluminium, wird zum Dämpfen benutzt. Normalerweise ist der Deckel im Lieferumfang des Woks enthalten. Man kann ihn auch in Asienläden erwerben oder Sie nehmen einen genau passenden, gewölbten Pfannendeckel.

Der Pfannenheber
Ein Pfannenheber aus Metall, der fast wie eine kleine Schaufel geformt ist und einen langen Griff hat, eignet sich am besten zum Rühren und Wenden der Zutaten im Wok. Sie können auch einen guten Kochlöffel nehmen.

Der Rost
Zum Dämpfen brauchen Sie einen Holz- oder Metallständer oder einen Rost, damit die Zutaten nicht mit dem Wasser in Berührung kommen. Normalerweise gehört der Rost zum Lieferumfang; Sie bekommen ihn aber auch in Asienläden, Kaufhäusern und Haushaltswarengeschäften. Jeder andere Einsatz, der verhindert, dass die Zutaten mit Wasser in Berührung kommen, ist ebenfalls geeignet.

Die Bambusbürste
Mit diesem Bündel aus festem, gespaltenem Bambus wird der Wok gereinigt, ohne den Fettfilm der Oberfläche zu beschädigen. Eine weiche Spülbürste eignet sich aber genauso gut.

Dämpfkorb
Dämpfen ist für empfindliche Lebensmittel wie Fisch und Gemüse die beste Zubereitungsart. In China werden seit vielen Jahrhunderten Dämpfkörbe aus Bambus in vielen Größen verwendet; ein Korb von etwa 25 cm Ø ist für den Hausgebrauch am besten geeignet. Der Korb wird mit den Zutaten über kochendem Wasser in den Wok gestellt. Damit die Zutaten nicht am Korb festkleben, kann man ein sauberes, feuchtes Baumwolltuch darunter legen. Der fest sitzende Deckel verhindert, dass der Dampf entweicht. Sie können auch mehrere übereinander gestapelte Dämpfkörbe gleichzeitig verwenden.

Vor dem ersten Gebrauch waschen Sie den Bambuskorb aus und dämpfen mit dem leeren Korb etwa 5 Minuten. Sie können natürlich auch einen Dämpfeinsatz aus Metall benutzen.

Essstäbchen
Im Westen ist das Essen mit Stäbchen für viele Menschen ungewohnt, aber ich ermuntere immer dazu, sie zu benutzen. Neue Techniken auszuprobieren ist interessant, und Essstäbchen werden in China vielseitig verwendet, sei es als Kombination aus Löffel und Gabel oder zum Rühren, Schlagen und Mischen. Natürlich erfüllen auch Löffel, Gabeln, Schöpfkellen, Pfannenheber und Schneebesen diesen Zweck.

Essstäbchen sind preiswert und leicht erhältlich. Ich bevorzuge Holzstäbchen, aber in China werden aus wirtschaftlichen und hygienischen Gründen häufiger solche aus Plastik verwendet (und wieder verwendet).

Fritteuse
Eine Fritteuse ist sehr nützlich, und vielleicht finden Sie es sicherer und einfacher, mit diesem Gerät zu frittieren als mit einem Wok. Die Ölmengen, die in den Rezepten dieses Buches angegeben sind, beziehen sich auf das Frittieren im Wok. Wenn Sie eine Fritteuse verwenden, benötigen Sie etwa die doppelte Menge Öl, aber die Fritteuse sollte nie mehr als bis zur Hälfte mit Öl gefüllt sein.

Wok mit Deckel, Pfannenheber, Essstäbchen, Standring, Küchenbeil und Rost

Küchenbeil

Für chinesische Köche macht das Küchenbeil alle anderen Messer überflüssig. Wenn Sie erst einmal damit umgehen können, werden Sie sehen, wie gut es sich zum Schneiden, Filetieren, Würfeln, Hacken, Zerkleinern und Zerstoßen aller Arten von Lebensmitteln eignet. Die meisten chinesischen Köche verwenden je nach Bedarf drei unterschiedliche Beile – ein leichtes, ein mittelschweres und ein schweres. Sie können auch Ihre gewohnten Küchenmesser verwenden, aber wenn Sie ein Küchenbeil kaufen, nehmen Sie ein hochwertiges Modell aus rostfreiem Edelstahl und achten Sie darauf, dass es scharf bleibt.

Reiskocher

Elektrische Reiskocher werden immer beliebter. Sie garen den Reis perfekt und halten ihn während der Mahlzeit warm. Außerdem benötigt man eine Kochstelle weniger und hat so mehr Platz auf dem Herd. Allerdings sind Reiskocher relativ teuer; wenn Sie nicht häufig Reis essen, lohnt sich die Anschaffung kaum.

Tontöpfe und Bambuskörbe zum Dämpfen

Schneidbrett

Eine entscheidende Verbesserung gegenüber dem traditionellen Zubehör ist das moderne Schneidbrett aus Hartholz oder weißem Acryl. Das typische chinesische Schneidbrett aus weichem Holz wird schnell unansehnlich und bildet einen fruchtbaren Nährboden für Bakterien. Die neuen Schneidbretter sind leicht zu reinigen, nicht anfällig für Bakterien und viel haltbarer. In der chinesischen Küche wird viel gehackt, zerkleinert und gewürfelt, deshalb ist ein großes, standfestes Schneidbrett sehr wichtig. Legen Sie nie gekochtes Fleisch auf ein Brett, auf dem rohes Fleisch oder Geflügel zubereitet wurde. Verwenden Sie dafür immer ein Extrabrett und reinigen Sie es nach jedem Gebrauch gründlich.

Tontöpfe

Die Chinesen verwenden diese leichten Töpfe für Schmorgerichte, Suppen und zum Reiskochen. Die Außenseiten sind unglasiert, und durch Material und Form nehmen die Speisen darin Aromen besonders gut auf. Tontöpfe sind in allen Größen erhältlich, auch mit passenden Deckeln; da sie sehr zerbrechlich sind, werden sie oft durch ein Drahtgestell geschützt. Zum Kochen stehen die Töpfe direkt auf der Kochstelle, aber stellen Sie niemals einen leeren Tontopf auf eine heiße Unterlage oder einen heißen Topf auf eine kalte Oberfläche, denn dann wird er zerspringen. Im Topf muss sich immer etwas Flüssigkeit befinden; gefüllt verträgt er auch große Hitze. Wenn Sie einen Elektroherd besitzen, verwenden Sie eine hitzebeständige Unterlage, damit der Topf nicht in direkten Kontakt mit der heißen Herdplatte kommt. Sie sollten vorsichtig sein, wenn Sie den Deckel abnehmen; der entweichende Dampf ist sehr heiß.

Verschiedenes

Edelstahlschüsseln in verschiedenen Größen, Siebe und Durchschläge runden die Liste der wichtigsten Küchenutensilien ab. Sie sind sehr nützlich, weil Sie oft Flüssigkeiten abgießen und durchseihen oder Zutaten vermischen werden. Es ist besser, ein Hilfsmittel zu viel zu haben als eines zu wenig.

Hinweise zu den Rezepten

Die Rezepte sind für 4 Personen berechnet.
Ausnahmen sind im Rezeptkopf angegeben.

Abkürzungen		
EL	=	Esslöffel (gestrichen)
TL	=	Teelöffel (gestrichen)
Msp.	=	Messerspitze
Bd.	=	Bund
P.	=	Päckchen
TK-...	=	Tiefkühl-...
l	=	Liter
ml	=	Milliliter
cl	=	Zentiliter
kcal	=	Kilokalorien
ca.	=	circa
Min.	=	Minute(n)
Std.	=	Stunde(n)
Ø	=	Durchmesser
°C	=	Grad Celsius
getr.	=	getrocknet
ger.	=	gerebelt
cm	=	Zentimeter

Umrechnungstabelle

1 l = 1000 ml = 10 dl
1 Tasse = 150 ml
1 Wasserglas = 200 ml
1 Esslöffel = 15 ml
1 Teelöffel = 5 ml
1 dag = 10 g (für Österreich)
1 EL Butter oder Margarine = ca. 10 g
1 TL Butter oder Margarine = ca. 5 g
1 EL Öl = ca. 10 g
1 TL Öl = ca. 5 g
1 EL Flüssigkeit (z. B. Brühe, Milch) = ca. 10 ml
1 EL Speisestärke = ca. 8 g
1 TL Speisestärke = ca. 3 g
1 EL Mehl = ca. 10 g
1 TL Mehl = ca. 5 g
1 Tasse Mehl = ca. 90 g
1 EL Zucker = ca. 15 g
1 TL Zucker = ca. 8 g
1 Tasse Zucker = ca. 120 g

Gasofentemperaturen

150–175 °C	=	Gasstufen 1–2
175 °C	=	Gasstufe 2
175–200 °C	=	Gasstufen 2–3
200 °C	=	Gasstufe 3
200–225 °C	=	Gasstufen 3–4
225 °C	=	Gasstufe 4
225–250 °C	=	Gasstufen 4–5
250 °C	=	Gasstufe 5

Zubereitungszeit

Alle Zeitangaben beruhen auf durchschnittlichen Erfahrungswerten. Aufgrund Ihres persönlichen Arbeitstempos und der Beschaffenheit von Zutaten, Kochgeschirr, Herd sowie Backofen kann die tatsächlich benötigte Zeit von diesen Angaben etwas abweichen.

SUPPEN und
VORSPEISEN

Chinesische Hühnerbrühe

Ein ausreichender Vorrat an guter Hühnerbrühe ist eine wichtige Voraussetzung, damit chinesische Gerichte gut gelingen. Ich koche immer eine große Menge und friere sie ein. Wenn Sie erst einmal einen Vorrat an Brühe haben, können Sie beliebig viele Suppen oder Saucen schnell zubereiten.

Ergibt ca. 3,4 l
Zubereitungszeit: ca. 15 Min.
Garzeit: ca. 3–5 Std.

Hühnerbrühe ist leicht, schmackhaft und preiswert herzustellen. Sie verleiht vielen Speisen ein volleres Aroma. Kein Wunder, dass sie in der chinesischen Küche von jeher nahezu allgegenwärtig ist. Chinesische Hühnerbrühe ist denkbar einfach: Sie besteht aus Hühnerextrakt, häufig ergänzt durch Ingwer und Frühlingszwiebeln. Dieses Rezept zeigt auch, wie chinesische Gerichte am besten zubereitet werden. Die klassische chinesische Methode für eine klare Brühe besteht darin, Fleisch und Knochen vor dem Kochen zu blanchieren. Ich halte das jedoch für unnötig. Das sorgfältige Abschöpfen erfüllt den gleichen Zweck mit viel weniger Aufwand.

Zwar gibt es auch industriell hergestellte Brühen in Dosen oder in Pulverform, doch sie sind oft von minderer Qualität, weil sie entweder zu salzig sind oder Zusätze enthalten, die die Gesundheit ebenso beeinträchtigen können wie den natürlichen Geschmack der Zutaten. Die Zubereitung der Brühe ist zeitaufwändig, aber einfach – und selbst gemacht ist sie nun einmal am besten. Folgende Hinweise sollten Sie beim Zubereiten unbedingt beachten:

- Gute Brühe braucht Fleisch für den vollen Geschmack. Deshalb nehmen Sie etwas Hühnerfleisch oder gleich ein ganzes Huhn.
- Verwenden Sie einen großen, schweren Topf, damit die Flüssigkeit die Fleischstücke ganz bedeckt und das Einkochen langsam geht.
- Die Brühe sollte niemals kochen, sie wird sonst trübe und das Fett kann sich nicht absetzen. Nur eine klare Brühe hat ein volles Aroma und ist leicht verdaulich.
- Lassen Sie die Brühe langsam köcheln und schöpfen Sie sie regelmäßig ab. Haben Sie Geduld; Sie werden dafür jedesmal belohnt, wenn Sie chinesisch kochen.
- Seihen Sie die fertige Brühe sorgfältig durch mehrere Baumwolltücher oder ein feines Sieb ab.
- Lassen Sie die Brühe ganz abkühlen, stellen Sie sie dann kalt und entfernen Sie das Fett vollständig, bevor Sie die Brühe einfrieren.

2 kg rohes Hühnerbein, Flügel oder andere verfügbare Knochenteile (bewahren Sie ungekochte Hähnchenknochen im Gefrierschrank auf, bis Sie sie benötigen)

675 g Hühnerteile, wie Flügel und Keulen

5 l kaltes Wasser

3 Scheiben frische Ingwerwurzel, schräg in 5 x 1 cm große Stücke geschnitten

6 Frühlingszwiebeln ohne grüne Spitzen

6 Knoblauchzehen, ungeschält, grob zerstoßen

1 TL Salz

1 Alle Hühnerteile in einen sehr großen Topf geben (die Knochen können noch gefroren sein). Mit kaltem Wasser bedecken und das Wasser zum Köcheln bringen.

2 Mit einem großen, flachen Löffel den an die Wasseroberfläche steigenden Schaum abschöpfen. Die Brühe nicht kochen lassen und so lange abschöpfen, bis die Brühe klar aussieht. Das kann bei leisem Köcheln 20–40 Minuten dauern. Die Brühe nicht rühren.

3 Nun Ingwer, Frühlingszwiebeln, Knoblauch und Salz zugeben. Die Brühe bei sehr schwacher Hitze 2–4 Stunden köcheln lassen, dabei mindestens zweimal das Fett von der Oberfläche abschöpfen. Die Brühe muss ihr gesamtes Aroma entfalten können, daher die lange Garzeit.

4 Die Brühe durch mehrere Lagen feuchtes Baumwolltuch oder durch ein sehr feines Sieb seihen. Gründlich abkühlen lassen, dann kalt stellen. Jegliches Fett an der Oberfläche entfernen. Jetzt kann die Brühe verwendet oder in Behälter abgefüllt und für späteren Gebrauch tiefgekühlt werden.

Eiblütensuppe aus Kanton

Diese leichte Suppe bekommt man in vielen chinesischen Restaurants. Kein Wunder, denn sie ist schmackhaft und überaus exotisch. Leicht verquirltes Ei liegt flach auf der Suppe wie Seerosen auf einem Teich. Dieser Effekt wird erreicht, indem man die Eimischung vorsichtig in einem dünnen Strahl auf die Suppe laufen lässt und nicht auf einmal hineingießt; dann würde sie klumpen. Die Eimischung dickt die Suppe etwas ein, sie bleibt aber immer noch sehr leicht. Das Wichtigste ist die Brühe, die – wie bei jeder guten Suppe – die Grundlage bildet.

1 frisches Ei, leicht verquirlt

2 TL Sesamöl

1,2 l *Chinesische Hühnerbrühe* (siehe S. 26) oder Instantbrühe guter Qualität

1 TL Zucker

1 TL Salz

1 EL helle Sojasauce

3 EL Frühlingszwiebeln (nur die weißen Teile), fein zerkleinert

3 EL Frühlingszwiebeln (nur die grünen Spitzen), fein zerkleinert, zum Garnieren

Für 4 Personen
Zubereitungszeit: ca. 5 Min.
Garzeit: ca. 5 Min.

1 Ei und Sesamöl in einer kleinen Schüssel mit einer Gabel vermischen und dann beiseite stellen.

2 Die Brühe in einem Topf zum Köcheln bringen. Zucker, Salz und Sojasauce hinzufügen und gut verrühren. Die weißen Teile der Frühlingszwiebeln hineinrühren.

3 Die Eimischung sehr langsam in einem dünnen Strahl zugeben.

4 Mit Essstäbchen oder einer Gabel die Eimischung langsam in dünne Fäden teilen (am besten in Form einer Acht rühren). Mit den Frühlingszwiebeln garnieren.

Mais-Krabben-Suppe

Diese Suppe hat auch hierzulande viele Freunde. Meine Mutter bereitete sie immer mit frischem Mais zu. Man kann natürlich auch Mais aus der Dose oder tiefgekühlten Mais verwenden, aber ich finde, mit frischem Mais schmeckt die Suppe besser.

Für 4 Personen
Zubereitungszeit: ca. 5 Min.
Garzeit: ca. 10 Min.

450 g Maiskolben oder 275 g Dosen- oder TK-Mais

1 Eiweiß

1 TL Sesamöl

1,2 l *Chinesische Hühnerbrühe* (siehe S. 26) oder Instantbrühe guter Qualität

1 EL Shaoxing-Reiswein oder trockener Sherry

1 EL helle Sojasauce

2 TL frische Ingwerwurzel, fein gehackt

1 TL Salz

½ TL weißer Pfeffer aus der Mühle

1 TL Zucker

2 TL Stärkemehl, mit 2 TL Wasser verrührt

225 g frisches oder TK-Krabbenfleisch

2 EL Frühlingszwiebeln, fein gehackt, zum Garnieren

1 Bei Verwendung von frischem Mais die Kolben von den Blättern befreien, waschen und die Körner mit einem Messer oder Küchenbeil abschneiden. Man sollte etwa 275 g Maiskörner erhalten.

2 Eiweiß und Sesamöl in einer kleinen Schüssel vermischen und beiseite stellen.

3 Die Brühe in einem großen Topf zum Kochen bringen und den Mais hineingeben. Ohne Deckel 5 Minuten köcheln lassen, dann Reiswein bzw. Sherry, helle Sojasauce, Ingwer, Salz, Pfeffer, Zucker und Stärkemehl-Mischung hinzufügen. Aufkochen lassen, dann die Hitze reduzieren und das Krabbenfleisch hinzugeben.

4 Sofort danach die Eiweiß-
mischung in einem stetigen
Rinnsal langsam hineingie-
ßen, dabei ständig umrühren.
Die Suppe in eine Terrine oder
in Teller füllen und mit den
Frühlingszwiebeln garnieren.

Wan-Tan-Suppe

Diese in Südchina sehr beliebte Suppe wird auch in chinesischen Restaurants im Westen gern gegessen. Suppen-Wan-Tans sind würzig gefüllte Teigtaschen, die in Wasser gegart und dann in einer reichhaltigen Suppe serviert werden. Leider enthalten die Wan-Tans in manchen Restaurants nur sehr wenig Füllung. Mit diesem Rezept können Sie eine einfache, aber authentische Wan-Tan-Suppe zubereiten. Die Teigblätter sind frisch oder tiefgefroren in Asienläden erhältlich.

Für die Wan-Tans:

225 g rohe Garnelen, geschält und ohne Darm (siehe S. 13), grob gehackt

225 g Schweinehackfleisch

1 TL Salz

½ TL schwarzer Pfeffer aus der Mühle

1 ½ EL helle Sojasauce

3 EL Frühlingszwiebeln (die weißen Teile), fein gehackt

2 TL frische Ingwerwurzel, fein gehackt

1 EL Shaoxing-Reiswein oder trockener Sherry

1 TL Zucker

2 TL Sesamöl

1 Eiweiß, leicht verquirlt

225 g Wan-Tan-Teigblätter (TK-Blätter aufgetaut)

Für die Suppe:

1,2 l *Chinesische Hühnerbrühe* (siehe S. 26) oder Instantbrühe guter Qualität

1 EL helle Sojasauce

1 TL Sesamöl

etwa 1 Hand voll grüne Spitzen von Frühlingszwiebeln, zum Garnieren

Für 4 Personen
Zubereitungszeit: ca. 30 Min.
Kühlzeit: ca. 20 Min.
Garzeit: ca. 10 Min.

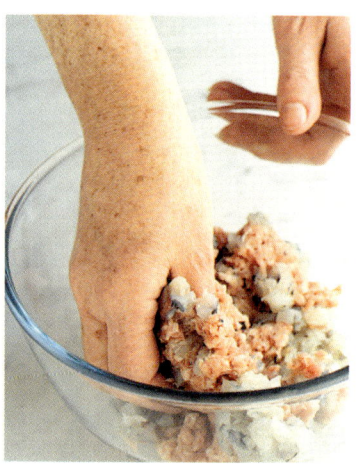

1 Für die Füllung der Wan-Tans Garnelen und Hackfleisch in eine große Schüssel geben, Salz und Pfeffer hinzufügen und mit der Hand oder einem Holzlöffel gut vermischen.

2 Die restlichen Zutaten für die Füllung zugeben und alles gründlich vermischen. Die Schüssel mit Frischhaltefolie zudecken und mindestens 20 Minuten kalt stellen.

5 Die Wan-Tans sofort herausnehmen und in die Brühe geben (wenn sie vorher in Salzwasser garen, schmeckt die Suppe besser). Die Brühe mit den Wan-Tans 2 Minuten köcheln lassen. In eine Suppenterrine oder in Teller füllen, mit den Frühlingszwiebel-Spitzen garnieren und sofort servieren.

3 Dann 1 EL der Füllung in die Mitte jedes Wan-Tan-Teigblatts geben. Die Ränder mit etwas Wasser anfeuchten, rund um die Füllung hochziehen und oben fest zusammendrücken; die Wan-Tans sollten wie kleine, gefüllte Taschen aussehen.

4 Brühe, Sojasauce und Sesamöl in einem großen Topf zum Köcheln bringen. Inzwischen Salzwasser in einem großen Topf zum Kochen bringen und die Wan-Tans darin portionsweise etwa 1 Minute garen lassen, bis sie an der Oberfläche schwimmen.

Scharf-saure Suppe

Diese herzhafte Suppe aus Nord- und Westchina ist in westlichen Ländern mittlerweile sehr beliebt, weil sie gut zum kalten Klima passt. Sie verbindet saure und würzige Bestandteile in einer schmackhaften Brühe und lässt sich gut aufwärmen. Die Zutatenliste ist sehr lang, aber die Suppe ist ganz einfach zuzubereiten. Mit ihren kontrastreichen Aromen bietet sie eine reizvolle Alternative zu Suppen westlicher Art.

Für die Marinade:

100 g mageres Schweinefleisch, fein zerkleinert

1 TL helle Sojasauce

1 TL Shaoxing-Reiswein oder trockener Sherry

½ TL Sesamöl

½ TL Stärkemehl

1 Prise Salz

1 Prise Zucker

Für die Suppe:

1,2 l *Chinesische Hühnerbrühe* (siehe S. 26) oder Instantbrühe guter Qualität

2 TL Salz

25 g getrocknete Shiitake-Pilze, eingeweicht, ohne Stiele (siehe S. 11)

15 g getrocknete Mu-Err-Pilze oder Waldohrpilze, eingeweicht, ohne Stiele (siehe S. 11)

225 g frischer, fester Tofu, abgetropft

2 frische Eier, mit 1 Prise Salz verquirlt

4 TL Sesamöl

1½ EL helle Sojasauce

1 EL dunkle Sojasauce

1 TL weißer Pfeffer aus der Mühle

6 EL chinesischer weißer Reisessig oder Apfelessig

2 TL Chili-Öl

2 EL frisches Koriandergrün, fein gehackt

Für 4 Personen
Zubereitungszeit: ca. 25 Min.
Garzeit: ca. 5 Min.

1 Die Brühe in einem großen Topf zum Köcheln bringen und das Salz hinzufügen. Inzwischen das Schweinefleisch mit den Marinadezutaten gut vermischen und beiseite stellen.

2 Eingeweichte Pilze und Tofu fein zerkleinern und beiseite stellen. Die Eier in einer kleinen Schüssel mit 2 TL Sesamöl vermischen.

5 Die Suppe vom Herd nehmen und Sojasaucen, Pfeffer und Essig hinzufügen. Alles gut verrühren, dann das restliche Sesamöl mit Chiliöl und Koriander hineinrühren. In eine Suppenterrine oder in tiefe Teller schöpfen und servieren.

3 Das Schweinefleisch in die Brühe rühren und 1 Minute köcheln lassen. Pilze und Tofu hinzufügen und alles weitere 2 Minuten köcheln lassen.

4 Die Eimischung in einem dünnen, stetigen Rinnsal allmählich in die Suppe gießen und dann mit Essstäbchen oder einer Gabel langsam in dünne Fäden zerteilen.

Knuspriger „Seetang"

Dieses Gericht wird in China-Restaurants im Westen gern gegessen. In China wird dafür eine besondere Sorte Seetang verwendet, aber da er sonst nirgendwo erhältlich ist, ersetzt man ihn durch chinesischen Kohl. Hier zeigt sich, wie anpassungsfähig die chinesische Küche ist: Wenn die Originalzutaten nicht zu bekommen sind, wird das Rezept einfallsreich abgewandelt. Dieses köstliche Gericht ist leicht zu kochen und kann auch einmal mit frischen Spinatblättern probiert werden.

Für 4 Personen
Zubereitungszeit: ca. 20 Min.
Garzeit: ca. 20 Min.

1,25 kg *bok choy* (chinesischer Weißkohl)
900 ml Erdnussöl
1 TL Salz

2 TL Zucker
50 g Pinienkerne, leicht geröstet

1 Die Stiele vom Stamm des *bok choy* abtrennen, dann die grünen Blätter von den weißen Stielen abschneiden. (Die Stiele aufheben; sie können später mit Knoblauch gebraten – siehe *Gebratener Brokkoli* auf S. 98 – oder für Suppen verwendet werden.)

2 Die Blätter mehrmals in kaltem Wasser waschen, dann sorgfältig abtropfen lassen und in einer Salatschleuder trocknen. Jeweils einige Blätter fest zusammenrollen und in feine, etwa 5 mm breite Streifen schneiden.

3 Die Streifen auf einem Backblech verteilen und im vorgeheizten Backofen bei 120 °C (Umluft 90 °C, Gas Stufe 1) 15 Minuten leicht trocknen. Sie sollten nicht ganz austrocknen, sonst verbrennen sie beim Braten. Aus dem Ofen nehmen und abkühlen lassen. Das kann schon am Vortag erledigt werden.

5 Die knusprigen Blätter mit
Salz und Zucker würzen. Mit
den Pinienkernen garnieren
und servieren.

4 Einen Wok stark erhitzen und
das Öl hineingeben. Wenn es
heiß ist und leicht raucht, die
Blätter in 3 oder 4 Portionen
frittieren. Die Blätter jeweils
nach 30–40 Sekunden, wenn
sie knusprig und braun werden, herausnehmen und auf
Küchenkrepp gut abtropfen
lassen. Abkühlen lassen.

Sesam-Garnelen-Toast

Dieser Toast wird in China-Restaurants oft als Appetithäppchen serviert. Seine Herkunft ist unklar; der Toast könnte eine Variante der Garnelenpaste sein, die in Südchina oft als Füllung verwendet oder zu knusprigen Bällchen frittiert wird.

Ergibt ca. 30 Stück
Zubereitungszeit: ca. 25 Min.
Garzeit: ca. 25 Min.

Für die Garnelenpaste:

450 g rohe Garnelen, geschält und ohne Darm (siehe S. 13)

100 g Wasserkastanien, frisch und geschält oder aus der Dose, fein gehackt

100 g Schweinehackfleisch

1 TL Salz

½ TL schwarzer Pfeffer aus der Mühle

1 frisches Eiweiß

3 EL Frühlingszwiebeln (nur die weißen Teile), fein gehackt

1 ½ EL frische Ingwerwurzel, fein gehackt

1 EL helle Sojasauce

2 TL Sesamöl

2 TL Zucker

Für den Toast:

10 dünne Scheiben Weißbrot

3 EL weiße Sesamsaat

450 ml Erdnussöl

1 Die Garnelen mit einem Küchenbeil oder scharfen Messer grob hacken, dann sehr fein zerkleinern. Die Garnelen mit den restlichen Zutaten der Paste in einer Schüssel vermischen. (Alternativ können auch alle Zutaten in der Küchenmaschine püriert werden.) Die Paste kann mehrere Stunden im Voraus zubereitet und zugedeckt im Kühlschrank aufbewahrt werden.

2 Die Rinde vom Brot entfernen und die Scheiben in etwa 7,5 x 2,5 cm große Rechtecke schneiden – das ergibt etwa 3 Stück pro Scheibe. Frisches Brot sollte im warmen Ofen etwas austrocknen. Trockenes Brot nimmt weniger Öl auf.

3 Die Garnelenpaste etwa 3 mm dick (nach Wunsch auch etwas dünner) auf jedes Brotstück streichen. Die Toastscheiben mit der Sesamsaat bestreuen.

4 Das Öl im Wok oder der Fritteuse mäßig heiß werden lassen. Mehrere Toasts auf einmal mit der Pastenseite nach unten 2–3 Minuten frittieren. Die Toasts umdrehen und weitere 2 Minuten frittieren, bis sie goldbraun sind.

5 Die Toasts mit einem Schaumlöffel herausnehmen, auf Küchenkrepp abtropfen lassen und servieren.

Knusprige Wan-Tans

Auch das ist ein Favorit bei Freunden der chinesischen Küche: knusprige Wan-Tans, die mit einer süß-sauren Dipsauce zum pikanten Genuss werden. Sie sind eine wunderbare Vorspeise und auch toll als Snack. Die Sauce kann schon am Vortag zubereitet und im Kühlschrank aufbewahrt werden; zum Servieren sollte sie Raumtemperatur haben. Wer mehr Sauce möchte, verdoppelt die angegebenen Mengen. Wan-Tan-Teigblätter sind frisch oder tiefgekühlt in Asienläden erhältlich.

Für die Füllung:

350 g rohe Garnelen, geschält und ohne Darm (siehe S. 13), grob gehackt

100 g Schweinehackfleisch

2 TL Salz

½ TL schwarzer Pfeffer aus der Mühle

4 EL Frühlingszwiebeln, fein gehackt

2 TL frische Ingwerwurzel, fein gehackt

2 TL Shaoxing-Reiswein oder trockener Sherry

1 TL Zucker

2 TL Sesamöl

1 Eiweiß, leicht verquirlt

Für die Dipsauce süß-sauer:

150 ml Wasser

2 EL Zucker

3 EL chinesischer weißer Reisessig oder Apfelessig

3 EL Tomatenmark oder Ketchup

1 TL Salz

¼ TL weißer Pfeffer aus der Mühle

1 TL Stärkemehl, mit 2 TL Wasser verrührt

Für die Wan-Tans:

225 g Wan-Tan-Teigblätter (TK-Blätter aufgetaut)

600 ml Erdnussöl

Für 6 Personen
Zubereitungszeit: ca. 35 Min.
Kühlzeit: ca. 20 Min.
Garzeit: ca. 20 Min.

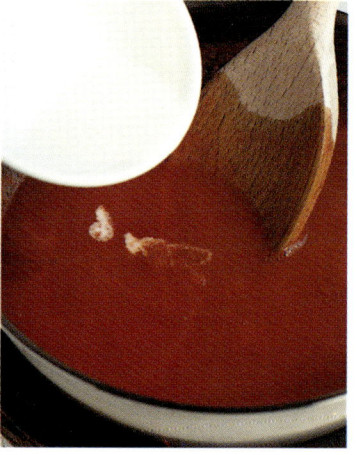

1 Garnelen und Hackfleisch in eine Schüssel geben, Salz und Pfeffer zugeben und mit den Händen oder einem Holzlöffel gut vermischen. Die restlichen Zutaten für die Füllung hinzufügen und gut verrühren. Mit Folie bedeckt mindestens 20 Minuten kalt stellen.

2 In einem kleinen Topf alle Zutaten für die Dipsauce (bis auf die Stärkemehlmischung) vermengen. Alles zum Kochen bringen, die Stärkemehlmischung hineinrühren und 1 Minute garen. Die Sauce vom Herd nehmen und abkühlen lassen.

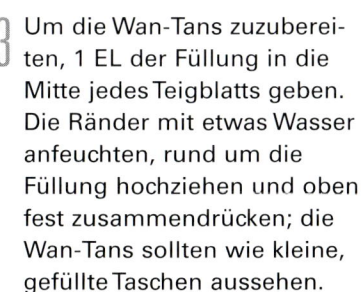

5 Die Wan-Tans auf Küchen-krepp gut abtropfen lassen, dann sofort mit der süß-sauren Dipsauce servieren.

3 Um die Wan-Tans zuzubereiten, 1 EL der Füllung in die Mitte jedes Teigblatts geben. Die Ränder mit etwas Wasser anfeuchten, rund um die Füllung hochziehen und oben fest zusammendrücken; die Wan-Tans sollten wie kleine, gefüllte Taschen aussehen.

4 Einen Wok stark erhitzen. Das Öl hineingeben; wenn es sehr heiß ist und leicht raucht, immer ein paar Wan-Tans auf einmal etwa 2–3 Minuten frittieren, bis sie goldbraun und knusprig sind. Werden sie zu schnell braun, die Hitze etwas reduzieren.

Dim-sum-Fleischklößchen

Die Gäste in China-Restaurants sind meist sehr angetan von diesem Leckerbissen aus dem Teehaus, der schon immer eine Lieblingsspeise der Südchinesen war. Die gefüllten Wan-Tans (Eierteig-Klößchen) werden gedämpft und nicht pochiert oder frittiert. Das Dämpfen verleiht ihnen einen ausgeprägteren und feineren Geschmack. Wan-Tan-Teigblätter sind frisch oder tiefgekühlt in Asienläden erhältlich.

Für die Füllung:

- 100 g Wasserkastanien, frisch und geschält oder aus der Dose, fein gehackt
- 100 g rohe Garnelen, geschält und ohne Darm (siehe S. 13), grob gehackt
- 350 g Schweinehackfleisch
- 2 EL Parmaschinken oder magerer geräucherter Schinken, fein gehackt
- 1 EL helle Sojasauce
- 1 TL dunkle Sojasauce
- 1 EL Shaoxing-Reiswein oder trockener Sherry
- 3 EL Frühlingszwiebeln, fein gehackt
- 2 TL frische Ingwerwurzel, fein gehackt
- 2 TL Sesamöl
- 1 Eiweiß, leicht verquirlt
- 1 TL Salz
- ½ TL schwarzer Pfeffer aus der Mühle
- 2 TL Zucker

Für die Wan-Tans:

- 1 Päckchen Wan-Tan-Teigblätter (etwa 40 Stück; TK-Blätter aufgetaut)
- etwas Öl

> Ergibt ca. 40 Stück
> Zubereitungszeit: ca. 30 Min.
> Garzeit: ca. 20 Min. pro Portion

1 Alle Zutaten für die Füllung in eine Schüssel geben und sorgfältig vermischen.

2 Die Füllung auf die Teigblätter setzen. Die Seiten jedes Blatts hochziehen und um die Füllung herum andrücken. Die Unterseiten der Klößchen flach drücken. Oben bleiben sie offen, damit die Füllung nicht eingeschlossen wird.

3 Einen Dämpfkorb oder Rost in einen Wok oder großen Topf setzen. Den Rost oder das Innere des Korbs einölen. Den Wok etwa 5 cm hoch mit Wasser füllen und dieses aufkochen. Die Klößchen in den Korb oder auf den Rost setzen (eventuell in Portionen).

4 Den Deckel auflegen, die Hitze reduzieren und die Klößchen etwa 20 Minuten dämpfen. Um Zeit zu sparen, kann ein größerer Dämpfkorb verwendet werden. Die Klößchen heiß servieren; zum Aufwärmen einige Minuten vorsichtig nochmals dämpfen.

Karamellwalnüsse

Dieses Gericht aus Peking wird auch hierzulande immer beliebter. Die geschälten Walnüsse müssen zuerst blanchiert werden, damit sie ihre Bitterkeit verlieren. Dann rollt man sie in Zucker, lässt sie einige Stunden trocknen und frittiert sie, sodass der Zucker karamellisieren kann. Dann werden die Nüsse in Sesamsaat gewälzt. Das Ergebnis ist ein köstlicher Appetithappen mit kontrastreichen Aromen. Sie können die Nüsse heiß oder kalt servieren und zum Aperitif reichen.

225 g geschälte Walnüsse
100 g Zucker
450 ml Erdnussöl
3 EL Sesamsaat

Für 4 Personen
Zubereitungszeit: ca. 10 Min.
Trockenzeit: ca. 2 Std.
Garzeit: ca. 15 Min.

1 In einem großen Topf Wasser zum Kochen bringen, die Walnüsse hineingeben und etwa 5 Minuten köcheln lassen. In einem Durchschlag oder Sieb abtropfen lassen.

2 Die Nüsse mit Küchenkrepp trockentupfen und auf einem Blech ausbreiten. Die warmen Nüsse mit Zucker bestreuen und sorgfältig darin wälzen. An einem kühlen, zugigen Platz mindestens 2 Stunden trocknen lassen, besser über Nacht. (Soweit können die Nüsse auch im Voraus zubereitet werden.)

3 Das Öl im Wok oder der Fritteuse mäßig heiß werden lassen. Eine Portion Walnüsse etwa 2 Minuten braten, bis der Zucker schmilzt und die Nüsse goldbraun werden (die Temperatur so einstellen, dass sie nicht verbrennen). Die Nüsse herausnehmen.

4 Die Nüsse auf einem Rost verteilen und mit Sesamsaat bestreuen (nicht auf Küchenkrepp legen, der Zucker bleibt
sonst am Papier kleben). Die
restlichen Nüsse ebenso frittieren und abtropfen lassen.
Warm oder kalt servieren. Die
abgekühlten Nüsse halten sich
in einem verschlossenen Glas-
behälter etwa 2 Wochen.

Frühlingsrollen

Frühlingsrollen sind knusprig, leicht und lecker und eine der bekanntesten chinesischen Vorspeisen. Sie sind einfach zuzubereiten und passen zu jedem Menü. Teigblätter für Frühlingsrollen gibt es frisch oder tiefgekühlt in Asienläden.

Für die Füllung:

100 g rohe Garnelen, geschält und ohne Darm (siehe S. 13), sehr fein gehackt

100 g Schweinehackfleisch

1½ EL Erdnussöl

2 EL Knoblauch, grob gehackt

1 EL frische Ingwerwurzel, fein gehackt

1 ½ EL helle Sojasauce

1 EL Shaoxing-Reiswein oder trockener Sherry

3 EL Frühlingszwiebeln, fein gehackt

1 TL Salz

½ TL schwarzer Pfeffer aus der Mühle

225 g Chinakohl, fein zerkleinert

25 g Shiitake-Pilze, eingeweicht und ohne Stiele (siehe S. 11), fein zerkleinert

Für die Marinade:

1 TL helle Sojasauce

1 TL Shaoxing-Reiswein oder trockener Sherry

1 TL Sesamöl

½ TL Salz

½ TL schwarzer Pfeffer aus der Mühle

Für die Frühlingsrollen:

1 Päckchen Frühlingsrollen-Teigblätter (TK-Blätter aufgetaut)

1 frisches Ei, verquirlt

1,2 l Erdnussöl zum Frittieren

1 Portion *Dipsauce süß-sauer* (siehe S. 40)

Ergibt ca. 15–18 Stück
Zubereitungszeit: ca. 40 Min.
Garzeit: ca. 20 Min.

1 Für die Füllung Garnelen und Hackfleisch mit allen Marinade-Zutaten in einer kleinen Schüssel vermischen.

2 Einen Wok stark erhitzen. 1 ½ EL Erdnussöl hineingeben; wenn es sehr heiß ist und leicht raucht, Knoblauch und Ingwer hinzufügen und 20 Sekunden unter Rühren braten.

3 Die restlichen Zutaten für die Füllung und die Garnelen-Hackfleisch-Mischung hinzufügen und 5 Minuten braten, dabei ständig rühren. Die Mischung in einem Sieb abtropfen und vollständig abkühlen lassen.

5 Links: Das offene Ende mit etwas verquirltem Ei bestreichen und durch sanftes Andrücken verschließen. Die Rolle sollte etwa 10 cm lang sein und aussehen wie eine zu große Zigarre.

4 Dann 3–4 EL Füllung auf jedes Teigblatt geben (an einem Rand), die Seiten einschlagen und aufrollen.

6 Den Wok auswischen und erneut stark erhitzen, dann das Öl zum Frittieren hineingeben. Wenn das Öl heiß ist und leicht raucht, so viele Frühlingsrollen vorsichtig hineingleiten lassen, wie gut in einer Reihe Platz haben.

7 Die Frühlingsrollen etwa 4 Minuten goldbraun braten, bis sie gar sind. Eventuell die Hitze reduzieren. Mit einem Schaumlöffel herausnehmen, auf einem Rost, dann auf Küchenkrepp abtropfen lassen. Die restlichen Rollen genauso braten. Sofort heiß und knusprig servieren, die süßsaure Dipsauce dazureichen.

FISCH und MEERESFRÜCHTE

Gedämpfter Fisch auf Kanton-Art

Das Dämpfen ist bei den Chinesen eine beliebte Methode, Fisch zu garen. Die einfache, sanfte Gartechnik bewahrt den frischen Fischgeschmack, das Fleisch bleibt saftig und zart und man schmeckt die anderen Zutaten gut heraus. Außerdem ist Dämpfen sehr gesund. Kaufen Sie immer frischen, bereits küchenfertigen Fisch.

Für 4 Personen
Zubereitungszeit: ca. 10 Min.
Garzeit: ca. 5–15 Min.

450 g festes weißes Fischfilet von Kabeljau oder Scholle, gehäutet, oder einen ganzen Fisch wie Scholle oder Steinbutt

1 TL grobes Meersalz oder normales Salz

1 ½ EL frische Ingwerwurzel, fein zerkleinert

3 EL Frühlingszwiebeln, fein zerkleinert

2 EL helle Sojasauce

2 TL dunkle Sojasauce

1 EL Erdnussöl

2 TL Sesamöl

einige frische Korianderzweige, zum Garnieren

1 Den Fisch mit Küchenkrepp trockentupfen und gleichmäßig mit Salz einreiben, bei Verwendung eines ganzen Fisches auch die Bauchhöhle. Den Fisch auf eine feuerfeste Platte legen und den Ingwer gleichmäßig darüber streuen.

2 Einen Dämpfkorb oder Rost in einen Wok oder tiefen Topf setzen, etwa 5 cm hoch mit Wasser füllen und das Wasser bei starker Hitze aufkochen. Die Platte mit dem Fisch auf den Rost stellen, den Wok fest verschließen und den Fisch dämpfen, flache Fischfilets etwa 5 Minuten, ganze Fische oder dicke Filets wie etwa Meerbarsch 12–14 Minuten. Der Fisch wird milchig weiß und schuppt sich leicht, ist aber noch saftig.

3 Die Platte herausnehmen und die angesammelte Flüssigkeit abgießen. Die Frühlingszwiebeln über den Fisch streuen und die helle und die dunkle Sojasauce darüber träufeln.

4 Beide Öle zusammen in einem kleinen Topf erhitzen, bis sie rauchen, und sofort über den Fisch gießen. Mit den Korianderzweigen garnieren und gleich servieren.

Schmorfisch Sichuan

In diesem Gericht stecken alle würzigen Aromen Sichuans.
Zum Schmoren eignet sich am besten Fisch mit festem,
weißem Fleisch wie Kabeljau, Meerbarsch oder Heilbutt.

Für 4 Personen
Zubereitungszeit: ca. 15 Min.
Garzeit: ca. 10 Min.

Für den Fisch:

450 g frisches festes weißes
Fischfilet von Kabeljau,
Meerbarsch oder Heilbutt,
gehäutet

1 TL Salz

etwas Stärkemehl zum
Bestäuben

150 ml Erdnussöl

3 Frühlingszwiebeln, schräg
in 5 cm dicke Scheiben
geschnitten

1 EL Knoblauch, fein gehackt

2 TL frische Ingwerwurzel,
fein gehackt

Für die Sauce:

150 ml *Chinesische Hühnerbrühe* (siehe S. 26) oder
Instantbrühe guter Qualität

1 TL Gelbe-Bohnen-Sauce

1 EL Chili-Bohnen-Sauce

2 EL Shaoxing-Reiswein oder
trockener Sherry

2 TL dunkle Sojasauce

2 TL Zucker

2 TL Sesamöl

½ TL Salz

¼ TL weißer Pfeffer aus der
Mühle

1 Die Fischfilets gleichmäßig
auf beiden Seiten mit Salz
bestreuen. In 5 x 2,5 cm
große Streifen schneiden und
20 Minuten ruhen lassen.

2 Die Fischstreifen großzügig
mit Stärkemehl bestäuben.

3 Einen Wok stark erhitzen. Das
Öl hineingeben, und wenn es
sehr heiß ist und leicht
raucht, die Hitze reduzieren.
Die Fischstücke auf beiden
Seiten braten, bis sie leicht
gebräunt sind. Aus dem Wok
nehmen und auf Küchen-
krepp abtropfen lassen.

4 Das Öl bis auf etwa 1 EL abgießen. Den Wok erneut erhitzen, dann Frühlingszwiebeln, Knoblauch und Ingwer zugeben und unter Rühren 30 Sekunden braten.

5 Alle Saucenzutaten hinzufügen und aufkochen. Die Hitze reduzieren, weiter köcheln und den Fisch wieder zugeben. Noch etwa 2–3 Minuten garen, dann servieren.

Garnelen süß-sauer

Dies ist vielleicht eines der im Westen beliebtesten und bekanntesten chinesischen Gerichte. Es ist leicht zuzubereiten, und die süßen und scharfen Aromen der Sauce passen gut zu den festen, saftigen Garnelen.

Für 4 Personen
Zubereitungszeit: ca. 25 Min.
Garzeit: ca. 5 Min.

Für die Garnelen:

1 ½ EL Erdnussöl

1 ½ EL Knoblauch, grob gehackt

2 TL frische Ingwerwurzel, fein gehackt

4 Frühlingszwiebeln, schräg in 4 cm große Stücke geschnitten

450 g rohe Garnelen, geschält und ohne Darm (siehe S. 13)

100 g rote oder grüne Paprikaschoten, in 2,5 cm große Stücke geschnitten

225 g Wasserkastanien, frisch und geschält oder aus der Dose, in Scheiben geschnitten

Für die Sauce:

150 ml *Chinesische Hühnerbrühe* (siehe S. 26) oder Instantbrühe guter Qualität

2 EL Shaoxing-Reiswein oder trockener Sherry

3 EL helle Sojasauce

2 TL dunkle Sojasauce

1 ½ EL Tomatenmark

3 EL chinesischer weißer Reisessig oder Apfelessig

1 EL Zucker

1 EL Stärkemehl, mit 2 EL Wasser verrührt

1 Einen Wok stark erhitzen und das Öl hineingeben. Wenn es sehr heiß ist und leicht raucht, Knoblauch, Ingwer und Frühlingszwiebeln hinzufügen und unter Rühren 20 Sekunden braten.

2 Die Garnelen zugeben und 1 Minute braten, dabei ständig rühren.

3 Die Paprikaschoten und die Wasserkastanien hinzufügen und nochmals 30 Sekunden braten.

4 Alle Saucenzutaten außer der
Stärkemehlmischung hinzu-
geben. Zum Kochen bringen,
die Stärkemehlmischung hinzufügen, die Hitze reduzieren
und alles 3 Minuten köcheln
lassen. Sofort servieren.

Garnelen auf Sichuan-Art

Die Sichuan-Küche ist in China sehr beliebt, und in den letzten Jahren haben sie auch experimentierfreudige Gäste in China-Restaurants entdeckt. Dies hier ist eines der bekanntesten Gerichte dieser Region.

Für 4 Personen
Zubereitungszeit: ca. 25 Min.
Garzeit: ca. 5 Min.

Für die Garnelen:
1 ½ EL Erdnussöl
2 TL frische Ingwerwurzel, fein gehackt
1 EL Knoblauch, grob gehackt
2 EL Frühlingszwiebeln, fein gehackt
450 g rohe Garnelen, geschält und ohne Darm (siehe S. 13)

Für die Sauce:
1 EL Tomatenmark
2 TL Chili-Bohnen-Sauce
2 TL chinesischer schwarzer Reisessig oder Apfelessig
½ TL Salz
½ TL schwarzer Pfeffer aus der Mühle
2 TL Zucker
2 TL Sesamöl
nach Belieben einige frische Korianderzweige, zum Garnieren

1 Einen Wok stark erhitzen. Das Öl hineingeben, und wenn es sehr heiß ist und leicht raucht, Ingwer, Knoblauch und Frühlingszwiebeln hinzufügen.

2 Unter Rühren 20 Sekunden braten, dann die Garnelen zugeben. Etwa 1 Minute braten und stetig rühren.

3 Die Saucenzutaten hinzufügen und unter Rühren weitere 3 Minuten bei starker Hitze braten. Sofort servieren.

Tintenfisch mit Gemüse

Auf chinesische Art gegarter Tintenfisch ist zart und schmackhaft. Er wird in kochendem Wasser blanchiert und dann ganz kurz gegart – gerade lang genug, um ihn etwas fest werden zu lassen. Gart man Tintenfisch zu lange, wird er zäh wie Gummi. Dieses Rezept lässt sich auch mit Garnelen zubereiten, falls Sie keinen Tintenfisch bekommen.

Für 4 Personen
Zubereitungszeit: ca. 25 Min.
Garzeit: ca. 10 Min.

450 g Tintenfisch, küchenfertig

1 ½ EL Erdnussöl

2 EL Knoblauch, grob gehackt

1 EL frische Ingwerwurzel, fein gehackt

100 g rote oder grüne Paprikaschoten, in dünne Streifen geschnitten

100 g Zuckererbsen, geputzt

3 EL *Chinesische Hühnerbrühe* (siehe S. 26) oder Instantbrühe guter Qualität

1 EL Shaoxing-Reiswein oder trockener Sherry

3 EL Austernsauce

1 EL helle Sojasauce

2 TL dunkle Sojasauce

2 TL Salz

2 TL Stärkemehl, mit 2 TL Wasser verrührt

2 TL Sesamöl

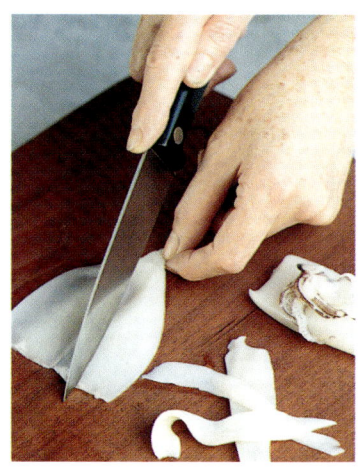

1 Falls sich die Tentakel noch am Kopf befinden, diese abschneiden und beiseite legen. Den Kopf wegwerfen. Die Tintenfischkörper in 4 cm lange Streifen schneiden.

2 Die Tintenfischstreifen und die Tentakel in einem großen Topf mit kochendem Wasser etwa 15 Sekunden blanchieren. Der Tintenfisch wird ein wenig fest und nimmt eine milchig-weiße Farbe an. Aus dem Wasser nehmen und in einem Sieb abtropfen lassen.

3 Einen Wok stark erhitzen und
  das Öl hineingeben. Wenn es
  sehr heiß ist und leicht raucht,
  Knoblauch und Ingwer hinzufügen und alles unter Rühren
  15 Sekunden braten. Dann
  Paprikastreifen und Zuckererbsen zugeben und 1 Minute
  braten, dabei ständig rühren.

4 Die restlichen Zutaten außer
  Tintenfisch und Sesamöl hineingeben und die Mischung
  aufkochen lassen.

5 Das Gemüse umrühren, Tintenfisch zugeben, vermischen.
  Noch 30 Sekunden garen, Sesamöl einrühren, servieren.

Kanton-Krabbe mit Schwarze-Bohnen-Sauce

In China-Restaurants ist dieses Gericht sehr beliebt, allerdings kann es nur mit frischen Krabben in der Schale zubereitet werden, da diese das empfindliche Krabbenfleisch während des Bratens schützt. Falls Sie keine Krabben in der Schale bekommen, nehmen Sie Garnelen. Ich habe noch etwas Hackfleisch hinzugefügt – ein Trick, um das teure Krabbenfleisch zu strecken. Chinesen essen Krabben traditionell mit den Fingern. Stellen Sie eine große Schüssel mit Wasser auf den Tisch, mit Zitronenspalten dekoriert, dann können Ihre Gäste sich die Hände säubern.

> Für 4–6 Personen
> Zubereitungszeit: ca. 20 Min.
> Garzeit: ca. 20 Min.

- 1 lebende oder frisch gekochte Krabbe in der Schale, etwa 1,5 kg schwer
- 2 EL Erdnussöl
- 3 EL gesalzene schwarze Bohnen, grob gehackt
- 2 EL Knoblauch, grob gehackt
- 1 EL frische Ingwerwurzel, fein gehackt
- 3 EL Frühlingszwiebeln, fein gehackt
- 225 g Schweinehackfleisch
- 2 EL helle Sojasauce
- 1 EL dunkle Sojasauce
- 2 EL Shaoxing-Reiswein oder trockener Sherry
- 250 ml *Chinesische Hühnerbrühe* (siehe S. 26) oder Instantbrühe guter Qualität
- 2 frische Eier, verquirlt
- 2 TL Sesamöl

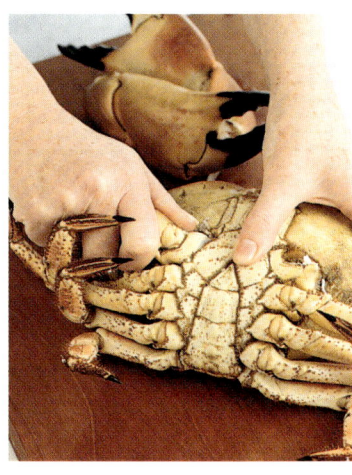

1 Einen großen Topf mit Wasser zum Kochen bringen, 2 TL Salz zufügen und dann die lebende Krabbe hineinlegen. Den Topf schließen und die Krabbe 5–7 Minuten garen, bis sie leuchtend rot ist. Mit einem Schaumlöffel herausnehmen und in einem Sieb abtropfen lassen. Abkühlen lassen.

2 Die gegarte Krabbe mit dem Rücken auf ein Brett legen. Mit den Fingern die Scheren aus dem Körper drehen. Sie sollten sich ganz leicht lösen lassen.

3 Nun die knochige Schwanz-klappe von der Krabbenunter-seite ablösen und wegwerfen. Mit den Fingern den Körper aus der Hauptschale heraus-brechen. Den kleinen, taschen-ähnlichen Magensack und sei-ne Anhängsel direkt hinter der Mundöffnung entfernen und wegwerfen.

4 Die weichen, federartigen Kiemen, die ein wenig wie Finger aussehen, vom Körper lösen und wegwerfen. Die Beine entfernen und beiseite legen.

5 Mit einem Küchenbeil oder schweren Messer die Schale halbieren; mit einem Löffel, einer Gabel oder einem Spieß das braune Krabben-fleisch herausschaben.

6 Mit einem Küchenbeil oder schweren Messer die Krabbe mit Schale in große Stücke zerteilen. Scheren und Beine leicht anbrechen.

7 Einen Wok stark erhitzen. Das Öl hineingeben, und wenn es sehr heiß ist und leicht raucht, schwarze Bohnen, Knoblauch, Ingwer und Früh-lingszwiebeln hinzufügen und 20 Sekunden unter Rühren braten.

8 Das Hackfleisch zugeben und 1 Minute braten, dabei stän-dig umrühren. Die Krabben-stücke und alle restlichen Zutaten außer Eiern und Se-samöl hinzufügen. Bei großer Hitze etwa 10 Minuten unter Rühren braten.

9 Die Eier mit dem Sesamöl
vermengen und nach und
nach in die Mischung gießen,
dabei langsam umrühren, sodass sich feine Eistreifen über
die Krabbenmischung ziehen.
Auf eine vorgewärmte Platte
geben oder in Krabbenklauen
anrichten und servieren.

Gedämpfte Austern

Wenn man Austern dämpft, bringt das ihren feinen, salzigen Geschmack und ihre wunderbare Beschaffenheit zur Geltung. Garen Sie sie nicht zu lange. Das Gericht ist einfach zuzubereiten und passt gut als Eröffnung einer besonderen Dinnerparty.

Für 4 Personen
Zubereitungszeit: ca. 20 Min.
Garzeit: ca. 10 Min.

Für die Austern:

16 große frische Austern in der Schale

einige frische Korianderzweige, zum Garnieren

Für die Sauce:

2 TL Knoblauch, fein gehackt

1 EL frische Ingwerwurzel, fein gehackt

1 TL Chili-Bohnen-Sauce

1 EL Shaoxing-Reiswein oder trockener Sherry

1 EL helle Sojasauce

2 TL dunkle Sojasauce

2 frische rote Chilis, entkernt und gehackt

3 EL Frühlingszwiebeln, fein zerkleinert

3 EL Erdnussöl

1 Die Austern sauber bürsten und auf zwei feuerfeste Platten aufteilen, da sie in 2 Portionen gedämpft werden. Einen Dämpfkorb oder einen Rost in einen Wok oder tiefen Topf setzen. Etwa 5 cm hoch mit Wasser füllen und das Wasser bei starker Hitze aufkochen. Eine Platte mit Austern in den Korb oder auf den Rost stellen, die Hitze reduzieren und Wok oder Topf fest verschließen. Die Austern etwa 5 Minuten dämpfen, bis sie sich öffnen.

2 Inzwischen alle Saucenzutaten außer dem Erdnussöl in eine feuerfeste Schüssel geben.

3 Einen kleinen Topf stark erhitzen. Das Öl hineingeben,
und wenn es sehr heiß ist
und leicht raucht, über die
Saucenzutaten gießen.

4 Die Austern aus dem Dämpfkorb nehmen und die zweite
Portion garen. Die Sauce umrühren. Die obere Schale jeder Auster entfernen und etwas Sauce über die Austern
gießen. Mit Korianderzweigen
garnieren und servieren.

FLEISCH und GEFLÜGEL

Schweinefleisch mit Frühlingszwiebeln

Ein Wok macht das Kochen einfach. Ein pfannengerührtes Gericht wie dieses ist innerhalb von Minuten fertig. Es schmeckt am besten, wenn Sie das Fleisch nur kurz garen.

Für 3–4 Personen
Zubereitungszeit: ca. 5 Min.
Marinierzeit: ca. 10–15 Min.
Garzeit: ca. 5–10 Min.

Für das Fleisch:

450 g mageres Schweine-
fleisch ohne Knochen

1 EL Erdnussöl

8 Frühlingszwiebeln, schräg
in 5 cm lange Stücke
geschnitten

1 TL Salz

½ TL schwarzer Pfeffer aus
der Mühle

1 TL Zucker

Für die Marinade:

1 EL Shaoxing-Reiswein oder
trockener Sherry

1 EL helle Sojasauce

2 TL Sesamöl

1 TL Stärkemehl

1 Das Schweinefleisch in dünne, etwa 5 cm lange Scheiben schneiden.

2 Das Fleisch in einer Schüssel mit den Marinadezutaten vermischen und 10–15 Minuten ziehen lassen, damit das Fleisch die Aromen der Marinade aufnehmen kann.

3 Einen Wok sehr stark erhitzen, das Öl hineingeben. Wenn es sehr heiß ist und leicht raucht, das Fleisch zugeben und etwa 2 Minuten unter Rühren braten, bis es braun ist. Das Fleisch mit einem Schaumlöffel herausnehmen und in einem Sieb abtropfen lassen.

4 Den Wok wieder erhitzen,
Frühlingszwiebeln, Salz, Pfeffer und Zucker hineingeben.
Unter Rühren etwa 2 Minuten
braten, bis das Gemüse zu-
sammenfällt. Das Fleisch in
den Wok geben und weitere
2 Minuten braten, bis es heiß
ist. Sofort servieren.

Schweinefleisch
à la Chiu Chow

Diese ungewöhnliche Variante von süß-saurem Schweinefleisch basiert auf einem Gericht aus Südchina. Sie schmeckt
ganz anders als die meisten süß-sauren Fleischgerichte im
Restaurant, die oft ihren wahren Charakter eingebüßt haben.
Hier wird Hackfleisch mit Wasserkastanien kombiniert,
gewürzt und in Schweinenetz eingewickelt, dann mit Stärkemehl bestäubt und frittiert. Das Ergebnis ist zartes Fleisch mit
einem leichten, ausgeglichen süß-sauren Geschmack.

Für 4 Personen
Zubereitungszeit: ca. 35 Min.
Garzeit: ca. 15 Min.

Für das Fleisch:

450 g Schweinehackfleisch

1 frisches Eiweiß

4 EL Wasser

175 g Wasserkastanien, frisch
und geschält oder aus der
Dose, grob gehackt

2 EL helle Sojasauce

1 EL dunkle Sojasauce

2 EL Shaoxing-Reiswein oder
trockener Sherry

1 ½ EL Zucker

2 TL Salz

1 ½ TL schwarzer Pfeffer aus
der Mühle

Schweinenetz zum Ein-
wickeln

100 g Möhren, schräg in dünne Scheiben geschnitten

je 100 g grüne und rote
Paprikaschoten, in 2,5 cm
große Stücke geschnitten

etwas Stärkemehl zum
Bestäuben

600 ml Erdnussöl

50 g Frühlingszwiebeln (etwa
4 Stück), in 2,5 cm große
Stücke geschnitten

75 g Lychees aus der Dose,
abgetropft, oder frische
Orangenschnitze

Für die Sauce:

150 ml *Chinesische Hühnerbrühe* (siehe S. 26) oder
Instantbrühe guter Qualität

1 EL helle Sojasauce

2 TL dunkle Sojasauce

2 TL Sesamöl

½ TL Salz

½ TL weißer Pfeffer aus der
Mühle

1 ½ EL chinesischer weißer
Reisessig oder Apfelessig

1 EL Zucker

2 EL Tomatenmark oder
Ketchup

2 TL Stärkemehl, mit 1 EL
Wasser verrührt

nach Belieben frische Korianderzweige, zum Garnieren

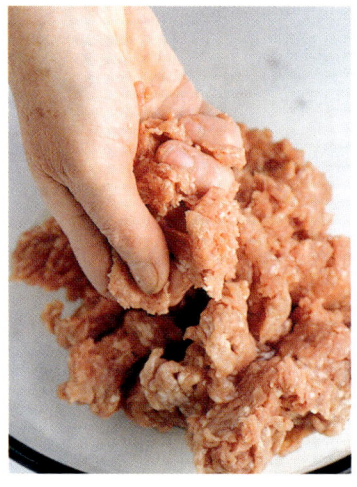  

1 Hackfleisch, Eiweiß und Wasser mit der Hand vermengen (um Luftbläschen einzuschließen). Die Mischung sollte locker werden. Keinen Mixer verwenden, er verdichtet die Mischung zu sehr. Wasserkastanien, helle und dunkle Sojasauce, Reiswein bzw. Sherry, Zucker, Salz und Pfeffer hinzufügen und sorgfältig vermischen.

2 Mit den Händen aus der Mischung etwa golfballgroße Kugeln formen.

3 Das Schweinenetz auf einer Arbeitsplatte ausbreiten und die Fleischbällchen im Abstand von etwa 7,5 cm darauf legen. Dann das Schweinenetz in 7,5 cm große Quadrate schneiden und jedes Quadrat um ein Bällchen wickeln.

4 Wasser in einem Topf zum Kochen bringen, Möhren und Paprikaschoten etwa 4 Minuten darin blanchieren, bis sie gerade weich sind. Abtropfen lassen und beiseite stellen.

5 Die Bällchen mit dem Stärkemehl bestäuben, überschüssiges Mehl abschütteln. Das Öl in einer Fritteuse oder einem großen Wok erhitzen, bis es leicht raucht. Die Hitze reduzieren und die Bällchen etwa 3–4 Minuten frittieren, bis sie knusprig und gar sind. Mit einem Schaumlöffel herausnehmen und auf Küchenkrepp abtropfen lassen.

6 Alle Saucenzutaten außer der Stärkemehlmischung in einem großen Topf zum Kochen bringen. Paprika, Möhren und Frühlingszwiebeln hinzufügen und gut verrühren. Die Stärkemehlmischung hineinrühren und 2 Minuten garen, dann die Hitze reduzieren und die Mischung köcheln lassen. Lychees oder Orangenschnitze und Fleischbällchen in die Sauce geben, gut vermischen und sofort servieren.

Knuspriger Schweinebraten

Ein faszinierender Anblick in allen Chinatowns der Welt sind die ganzen Spanferkel in den Schaufenstern. Das Fleisch schmeckt köstlich mit Reis oder in pfannengerührten Gerichten. Die Haut wird so knusprig, weil sie blanchiert wird und dann mithilfe einer Technik trocknet, wie sie ähnlich auch für *Peking-Ente* angewandt wird (siehe S. 90). Danach wird die Haut langsam gebraten, damit das meiste Fett abtropft. Übrig bleibt zartes, leicht marmoriertes Fleisch. Die meisten Menschen lieben dieses Gericht. Der Großteil der Zubereitung ist erstaunlich einfach und kann im Voraus erledigt werden.

Für 4–6 Personen
Zubereitungszeit: ca. 15 Min.
Trockenzeit: über Nacht
Garzeit: ca. 2 ½ Std.

Für das Fleisch:

1,5 kg Schweinebauch an der Schwarte, ohne Knochen

Perfekt gedämpfter Reis, als Beilage (nach Belieben, siehe S. 110)

Zum Pökeln:

2 EL grobes Meersalz

1 EL geröstete Sichuan-Pfefferkörner, gemahlen (siehe S. 17)

2 TL Fünf-Gewürze-Pulver

1 TL schwarzer Pfeffer aus der Mühle

2 TL Zucker

1 Die Schwarte mit einer spitzen Gabel oder einem scharfen Messer einstechen, bis die Haut mit kleinen Löchern übersät ist. Einen Fleischerhaken in das Fleisch stecken.

2 Wasser in einem großen Topf zum Kochen bringen. Das Fleisch vom Haken hängen lassen und mit einem großen Schöpflöffel mehrmals heißes Wasser über die Schwartenseite laufen lassen. Das Schweinefleisch beiseite legen.

3 Einen Wok erhitzen, alle Pökelzutaten hineingeben und unter Rühren 3 Minuten braten, bis alles gut vermischt ist. Etwas abkühlen lassen. Sobald die Masse kühl genug zum Anfassen ist, diese in die Fleischseite des Schweinebauchs gut einreiben.

4 Das Fleisch mindestens 8 Stunden oder besser über Nacht an einem kühlen Ort zum Trocknen aufhängen. Dann den Ofen auf 200 °C (Umluft 170 °C, Gas Stufe 3) vorheizen. Das Fleisch mit der Schwarte nach oben auf einen Rost legen, der in einem mit Wasser gefüllten tiefen Backblech steht.

5 Etwa 15 Minuten braten, dann die Hitze auf 180 °C (Umluft 150 °C, Gas Stufe 2–3) reduzieren und weitere 2 Stunden braten. Die Temperatur auf 230 °C (Umluft 200 °C, Gas Stufe 4–5) stellen und weitere 15 Minuten braten. Das Fleisch herausnehmen, abkühlen lassen und in mundgerechte Stücke schneiden. Dann auf einer Platte anrichten und servieren. Man kann es auch auf einem Reisbett anrichten (siehe oben).

Gebratenes Rindfleisch mit Austernsauce

Dieses Gericht war im Restaurant meiner Familie bei den Gästen besonders beliebt. Es ist sehr pikant und macht Lust auf mehr. Kaufen Sie dafür Austernsauce von einem Markenhersteller. Gute Austernsauce schmeckt überhaupt nicht nach Fisch, sondern hat eher ein fleischiges Aroma und passt sehr gut zu Rind- oder Schweinefleisch. Dieses einfache Gericht schmeckt am besten mit gedämpftem Reis.

450 g mageres Rindfleisch
1 EL helle Sojasauce
2 TL Sesamöl
1 EL Shaoxing-Reiswein oder
  trockener Sherry

2 TL Stärkemehl
3 EL Erdnussöl
3 EL Austernsauce
1 ½ EL Frühlingszwiebeln,
  fein gehackt, zum
  Garnieren

Für 4 Personen
Zubereitungszeit: ca. 10 Min.
Marinierzeit: ca. 20 Min.
Garzeit: ca. 10 Min.

1 Das Rindfleisch gegen die Faser in etwa 5 cm lange und 5 mm dicke Scheiben schneiden und in eine Schüssel geben.

2 Sojasauce, Sesamöl, Reiswein oder Sherry und Stärkemehl untermischen. Etwa 20 Minuten ziehen lassen.

3 Einen Wok stark erhitzen und das Erdnussöl hineingeben. Wenn es sehr heiß ist und leicht raucht, das Rindfleisch hinzufügen und unter Rühren etwa 5 Minuten braten, bis es leicht gebräunt ist.

4 Das Fleisch aus dem Wok nehmen und in einem Sieb in einer Schüssel gut abtropfen lassen. Das abgetropfte Öl weggießen.

5 Den Wok sauber auswischen und wieder stark erhitzen. Die Austernsauce hineingeben und zum Köcheln bringen.

6 Das abgetropfte Rindfleisch in den Wok geben und gut mit der Austernsauce mischen. Die Mischung auf einer Servierplatte anrichten, mit den Frühlingszwiebeln garnieren und sofort servieren.

Gebratenes Hähnchen mit Schwarze-Bohnen-Sauce

Viele Leute bestellen bei ihrem ersten Besuch in einem China-Restaurant dieses Gericht. Der Duft der Schwarze-Bohnen-Sauce, vermischt mit Knoblauch- und Ingweraroma, ist sehr appetitanregend. Das Gericht kann gut vorbereitet und wieder aufgewärmt werden, und auch kalt schmeckt es köstlich.

450 g Hähnchenbrüste ohne Haut und Knochen, in 5 cm dicke Stücke geschnitten

1 EL helle Sojasauce

1 ½ EL Shaoxing-Reiswein oder trockener Sherry

½ TL Salz

1 TL Zucker

1 TL Sesamöl

2 TL Stärkemehl

2 EL Erdnussöl

1 EL frische Ingwerwurzel, fein gehackt

1 ½ EL Knoblauch, grob gehackt

2 EL Schalotten, fein gehackt

3 ½ EL Frühlingszwiebeln, fein gehackt

2 ½ EL gesalzene schwarze Bohnen, grob gehackt

150 ml *Chinesische Hühnerbrühe* (siehe S. 26) oder Instantbrühe guter Qualität

Für 4 Personen
Zubereitungszeit: ca. 15 Min.
Garzeit: ca. 10 Min.

1 Die Hähnchenbrüste in einer Schüssel mit Sojasauce, Reiswein bzw. trockenem Sherry, Salz, Zucker, Sesamöl und Stärkemehl vermischen.

2 Einen Wok stark erhitzen und das Öl hineingeben. Wenn es sehr heiß ist und leicht raucht, das Hähnchen hinzufügen und unter Rühren 2 Minuten braten.

3 Ingwer, Knoblauch, Schalotten, 1 ½ EL Frühlings-
zwiebeln und schwarze Bohnen hinzufügen und 2 Minuten braten; dabei ständig
rühren.

4 Die Brühe zugeben und aufkochen lassen, dann zuge-
deckt bei schwacher Hitze
etwa 3 Minuten köcheln, bis
das Hähnchen gar ist. Mit den
restlichen Frühlingszwiebeln
garnieren und servieren.

Hähnchen mit Erdnüssen

Dieser Klassiker aus Westchina ist auch als Hähnchen *gongbao* oder *kung pao* bekannt. Das Rezept hat viele Varianten; diese einfache hier hält sich eng an das Original.

Für 4 Personen
Zubereitungszeit: ca. 15 Min.
Garzeit: ca. 5–10 Min.

Für das Hähnchen:

3 EL Erdnussöl

3 getrocknete rote Chilis, längs halbiert

450 g Hähnchenbrüste ohne Haut und Knochen, in 2,5 cm dicke Stücke geschnitten

75 g geröstete Erdnüsse

Für die Sauce:

2 EL *Chinesische Hühnerbrühe* (siehe S. 26) oder Instantbrühe guter Qualität

2 EL Shaoxing-Reiswein oder trockener Sherry

1 EL dunkle Sojasauce

2 TL Zucker

1 EL Knoblauch, grob gehackt

2 TL frische Ingwerwurzel, fein gehackt

2 TL chinesischer weißer Reisessig oder Apfelessig

1 TL Salz

2 TL Sesamöl

1 Einen Wok stark erhitzen. Öl und getrocknete Chilis hineingeben und unter Rühren einige Sekunden braten (die Chilis können nach Belieben danach entfernt werden).

2 Hähnchenbrüste und Erdnüsse hinzufügen, 1 Minute braten und rühren. Hähnchen, Erdnüsse und Chilis aus dem Wok nehmen und in einem Sieb abtropfen lassen.

3 Alle Saucenzutaten außer
dem Sesamöl in den Wok geben und zum Kochen bringen,
dann die Hitze reduzieren.

4 Hähnchen, Nüsse und Chilis
in den Wok geben und etwa
3–4 Minuten in der Sauce
garen, dabei gut vermischen.

5 Das Sesamöl zugeben, die
Mischung gut umrühren, je
nach Geschmack die Chilis
entfernen und servieren.

Zitronenhähnchen

Die Südchinesen haben ein spezielles Rezept für Zitronenhähnchen. Die scharfe Sauce passt sehr gut zum Hähnchenaroma. Im Gegensatz zu anderen Varianten, die eine viel zu süße Sauce verwenden, hält dieses Rezept die Balance zwischen Schärfe und Süße. Manchmal wird das Zitronenhähnchen auch im Teigmantel frittiert, aber pfannengerührt ist es genauso gut, vor allem wenn das Hähnchen zuvor in heißem Öl oder in Wasser blanchiert wird.

Für 4 Personen
Zubereitungszeit: ca. 15 Min.
Kühlzeit: ca. 20 Min.
Garzeit: ca. 10 Min.

Für das Hähnchen:

450 g Hähnchenbrüste ohne Haut und Knochen, in 7,5 cm lange und 1 cm dicke Streifen geschnitten

1 frisches Eiweiß

1 TL Salz

1 TL Sesamöl

2 TL Stärkemehl

300 ml Erdnussöl oder Wasser

2 EL Frühlingszwiebeln, fein gehackt, zum Garnieren

Für die Sauce:

65 ml *Chinesische Hühnerbrühe* (siehe S. 26) oder Instantbrühe guter Qualität

3 EL frischer Zitronensaft

1 EL Zucker

1 EL helle Sojasauce

1 ½ EL Shaoxing-Reiswein oder trockener Sherry

1 ½ EL Knoblauch, fein gehackt

1–2 TL getrocknete rote Chilis, zerkleinert

1 TL Stärkemehl, mit 1 TL Wasser verrührt

2 TL Sesamöl

1 Die Hähnchenstreifen in einer Schüssel mit Eiweiß, Salz, Sesamöl und Stärkemehl vermischen. Die Mischung für etwa 20 Minuten in den Kühlschrank stellen.

2 Wird das Hähnchen in Öl blanchiert, einen Wok sehr stark erhitzen. Das Öl hineingeben. Wenn es sehr heiß ist, den Wok vom Herd nehmen und das Hähnchen zugeben; dabei kräftig rühren. Nach etwa 2 Minuten wird das Fleisch weiß. Das Fleisch dann mit dem Öl in einem Edelstahlsieb in einer Schüssel abtropfen lassen. Das Öl weggießen. Wird Wasser verwendet, das Wasser in einem Topf zum Kochen bringen, dann das Fleisch hineingeben. Nach etwa 4 Minuten wird es weiß, dann abtropfen lassen.

3 Falls der Wok zuvor benutzt
wurde, auswischen. Erhitzen,
die Saucenzutaten außer der
Stärkemehlmischung und
dem Sesamöl hineingeben.
Bei starker Hitze zum Kochen
bringen, dann die Mehl-
mischung hinzufügen. Etwa
1 Minute köcheln lassen.

4 Die Hähnchenstreifen in den
Wok geben und unter Rühren
braten, dabei gut mit der
Sauce vermischen. Das
Sesamöl hineinrühren. Auf
eine Platte geben, mit den
Frühlingszwiebeln garnieren
und das Gericht sofort servieren.

Hähnchen-Curry

Curry verbindet sich gut mit Hähnchenfleisch, besonders wenn das Gewürz auf chinesische Art in einer leichten Sauce verwendet wird. Damit das Hähnchen saftig und aromatisch bleibt, wird es vor dem Kochen blanchiert, entweder traditionell in Öl oder, wenn man Fett sparen will, in Wasser. Dieses Curry ist mild, anders als die indischen Curry-Gerichte.

Für 4 Personen
Zubereitungszeit: ca. 15 Min.
Kühlzeit: ca. 20 Min.
Garzeit: ca. 10 Min.

450 g Hähnchenbrüste ohne Haut und Knochen, in 2,5 cm dicke Stücke geschnitten

1 Eiweiß

1 TL Salz

1 TL Sesamöl

2 TL Stärkemehl

300 ml Erdnussöl oder Wasser

1 EL Erdnussöl

225 g rote oder grüne Paprikaschoten, in 2,5 cm große Stücke geschnitten

1 EL Knoblauch, grob gehackt

150 ml *Chinesische Hühnerbrühe* (siehe S. 26) oder Instantbrühe guter Qualität

1 ½ EL Madras-Currypaste oder -pulver

2 TL Zucker

1 ½ EL Shaoxing-Reiswein oder trockener Sherry

1 ½ EL helle Sojasauce

1 TL Stärkemehl, mit 1 EL Wasser verrührt

nach Belieben einige frische Korianderblätter, zum Garnieren

1 Die Hähnchenstücke in einer Schüssel mit Eiweiß, Salz, Sesamöl und Stärkemehl gut vermischen. Die Mischung für etwa 20 Minuten in den Kühlschrank stellen.

2 Wird das Hähnchen in Öl blanchiert, einen Wok sehr stark erhitzen, das Öl hineingeben. Wenn es sehr heiß ist, den Wok vom Herd nehmen und das Hähnchen hinzufügen, dabei kräftig rühren, damit das Fleisch nicht anhängt. Nach etwa 2 Minuten wird das Fleisch weiß. Das Fleisch dann mit dem Öl in einem Edelstahlsieb über einer Schüssel abtropfen lassen. Das Öl weggießen. Wird Wasser verwendet, das Wasser in einem Topf zum Kochen bringen, dann das Fleisch hineingeben. Nach etwa 4 Minuten wird das Fleisch weiß, dann abtropfen lassen.

3 Falls der Wok zuvor benutzt wurde, sauber auswischen. Stark erhitzen, dann 1 EL Erdnussöl hineingeben. Wenn es sehr heiß ist, Paprika und Knoblauch zugeben und unter Rühren 2 Minuten braten.

4 Brühe, Currypaste, Zucker, Reiswein, Sojasauce und Stärkemehlmischung hinzufügen und 2 Minuten garen. Das Hähnchenfleisch in den Wok geben und noch 2 Minuten braten. Das Fleisch dabei gut mit der Sauce mischen. Sofort servieren.

Cashew-Hähnchen

Dieses Rezept zeigt die chinesische Vorliebe, in einem Gericht kontrastreiche Zutaten zu verwenden. Zarte, saftige Hähnchenstücke werden mit süßen, knackigen Cashewnüssen kombiniert. Auch hier wird das Hähnchenfleisch zuerst in heißem Öl oder Wasser blanchiert und dann gebraten, was dem Gericht seinen besonderen Geschmack gibt.

Für 4 Personen
Zubereitungszeit: ca. 10 Min.
Garzeit: ca. 5–10 Min.

450 g Hähnchenbrüste ohne Haut und Knochen, in 1 cm dicke Stücke geschnitten

1 frisches Eiweiß

1 TL Salz

1 TL Sesamöl

2 TL Stärkemehl

300 ml Erdnussöl oder Wasser

2 TL Erdnussöl

50 g Cashewnüsse

1 EL Shaoxing-Reiswein oder trockener Sherry

1 EL helle Sojasauce

1 EL Frühlingszwiebeln, fein zerkleinert, zum Garnieren

1 Die Hähnchenstücke in einer Schüssel mit Eiweiß, Salz, Sesamöl und Stärkemehl gut vermischen. Die Mischung für etwa 20 Minuten in den Kühlschrank stellen.

2 Wird das Hähnchen in Öl blanchiert, einen Wok sehr stark erhitzen und das Öl hineingeben. Wenn es sehr heiß ist, den Wok vom Herd nehmen und das Hähnchen hinzufügen, dabei kräftig rühren, damit das Fleisch nicht anhängt. Nach etwa 2 Minuten wird das Fleisch weiß. Das Fleisch dann mit dem Öl in einem Edelstahlsieb über einer Schüssel abtropfen lassen. Das Öl weggießen. Wird Wasser verwendet, das Wasser in einem Topf zum Kochen bringen, dann das Fleisch zugeben. Nach etwa 4 Minuten wird das Fleisch weiß, dann abtropfen lassen.

3 Falls der Wok zuvor benutzt
wurde, sauber auswischen.
Den Wok stark erhitzen, dann
2 TL Erdnussöl hineingeben.
Die Nüsse hinzufügen und
unter Rühren 1 Minute
braten.

4 Reiswein oder Sherry und
Sojasauce hinzufügen, Das
Hähnchenfleisch in den Wok
geben und 2 Minuten braten,
dabei ständig rühren. Mit den
Frühlingszwiebeln garnieren
und sofort servieren.

Peking-Ente

Dies ist eines der beliebtesten Gerichte der chinesischen Küche, und mit Sicherheit bringt es jeder sofort mit chinesischer Kochkunst in Verbindung. Wer könnte auch dem saftigen Entenfleisch mit der knusprigen Kruste widerstehen?

Für 4–6 Personen
Zubereitungszeit: ca. 20 Min.
Trockenzeit: ca. 4 Std.
Garzeit: ca. 1 ½ Std.

Das Zubereiten und Kochen einer original Peking-Ente ist eine Kunst. Heißes Wasser, vermischt mit Sojasauce und Essig, wird über die Ente gegossen, um die Poren zu schließen, dann wird der Vogel zum Trocknen aufgehängt. Während des Trocknens wird die Ente großzügig mit einer Malzzuckerlösung bepinselt. Danach wird sie im Holzofen gebraten. Das Ergebnis ist ein glänzender, knuspriger, aromatischer Vogel mit schöner brauner Kruste und saftigem Fleisch ohne Fett.

Das Zubereiten der Peking-Ente ist zeitaufwändig, aber es gibt eine einfachere Methode, die im Ergebnis nahe an das Original heranreicht. Wenn Sie sich die Zeit dafür

nehmen, wird das Gericht etwas ganz Besonderes. Wählen Sie möglichst eine rundliche, fleischige Ente. Traditionell wird Peking-Ente mit chinesischen Pfannkuchen, zerkleinerten Frühlingszwiebeln und süßer Bohnensauce serviert. In Hongkong und im Westen wird Hoisinsauce gereicht. Sie ist der süßen Bohnensauce sehr ähnlich, enthält aber Essig. Jeder am Tisch löffelt etwas Sauce auf einen Pfannkuchen und legt etwas knuspriges Entenfleisch mit Kruste und einige Stücke Frühlingszwiebeln und Gurke darauf. Der Pfannkuchen wird aufgerollt und mit Stäbchen oder aus der Hand gegessen. Ein unvergessliches Gericht für ein besonderes Fest.

1 Ente, frisch oder tiefgekühlt, 2,75 kg schwer

Für den Honigsirup:
2 EL Apfelessig
1,2 l Wasser
3 EL Honig
3 EL dunkle Sojasauce

Zum Servieren:
Chinesische Pfannkuchen (siehe S. 106)
4 Frühlingszwiebeln, fein zerkleinert
1 Salatgurke, geschält, entkernt und in 5 x 2,5 cm große Stücke geschnitten
6 EL Hoisinsauce oder süße Bohnensauce

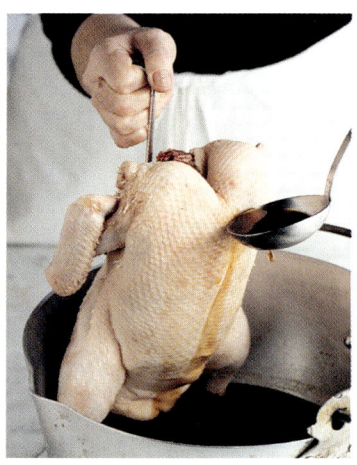

1 Eine TK-Ente ganz auftauen. Gut abspülen und sorgfältig mit Küchenkrepp trockentupfen. Einen Fleischerhaken in der Nähe des Halses in die Ente stecken. Die Zutaten für den Honigsirup in einem großen Wok oder einer Pfanne vermischen und zum Kochen bringen. Die Ente am Haken halten und mit einem großen Schöpflöffel oder Löffel den Sirup mehrere Male über die Ente gießen, bis die Haut vollständig mit dem Sirup überzogen ist. Danach die Mischung weggießen.

2 Die Ente 4–5 Stunden, wenn möglich länger, an einem kühlen, gut durchlüfteten Ort zum Trocknen aufhängen. Ein Blech oder eine Bratform darunter stellen, um die Tropfen aufzufangen. Wenn die Ente getrocknet ist, fühlt sich die Haut wie Pergament an.

3 Den Ofen auf 240 °C (Umluft 210 °C, Gas Stufe 4–5) vorheizen. Die Ente mit der Brust nach oben auf einen Rost legen, der in einem tiefen Backblech steht. 150 ml Wasser in das Blech gießen (verhindert spritzendes Fett). Die Ente 15 Minuten braten. Die Hitze auf 180 °C (Umluft 150 °C, Gas Stufe 2–3) reduzieren und weitere 1 ¼ Stunden braten. Eventuell Wasser nachfüllen.

4 Die Ente aus dem Ofen nehmen und mindestens 10 Minuten ruhen lassen. Mit dem Küchenbeil oder einem scharfen Messer Haut und Fleisch in Stücke schneiden und auf einer vorgewärmten Platte anrichten. Mit Pfannkuchen, Frühlingszwiebeln, Gurke und Hoisin- oder süßer Bohnensauce servieren.

Knusprig-aromatische Ente

Dieses Gericht wird in China-Restaurants oft bestellt. Es ist auch als Fertiggericht erhältlich, aber es geht nichts über die selbst gemachte Variante. Lassen Sie sich von der langen Zubereitung nicht abschrecken. Die meisten Schritte sind ganz einfach und können bis zu einem Tag im Voraus erledigt werden, und das Ergebnis ist die Mühe allemal wert. Durch das Dämpfen verliert die Ente das meiste Fett und das Fleisch bleibt saftig. Das abschließende Frittieren lässt die Haut schön knusprig werden.

Für 4–6 Personen
Zubereitungszeit: ca. 15 Min.
Kühlzeit: ca. 2 Std.
Garzeit: ca. 2 ½ Std.

Für die Ente:

1 Ente, frisch oder tiefgekühlt, 2,75 kg schwer

6 Scheiben frische Ingwerwurzel, 7,5 cm x 5 mm groß

6 Frühlingszwiebeln, in 7,5 cm lange Stücke geschnitten

etwas Stärkemehl, normales Mehl oder Kartoffelmehl, zum Bestäuben

1,2 l Erdnussöl

Für die Würzmischung zum Einreiben:

2 EL Fünf-Gewürze-Pulver

65 g Sichuan-Pfefferkörner

25 g ganze schwarze Pfefferkörner

3 EL Kreuzkümmelsamen

200 g Steinsalz

Zum Servieren:

Chinesische Pfannkuchen (siehe S. 106)

6 Frühlingszwiebeln, fein zerkleinert

Hoisinsauce

1 Eine TK-Ente ganz auftauen. Gut abspülen und sorgfältig mit Küchenkrepp trockentupfen. Alle Zutaten für die Würzmischung in einer kleinen Schüssel vermischen, dann die Ente damit innen und außen gleichmäßig einreiben. Gut in Folie einwickeln und 24 Stunden in den Kühlschrank legen.

2 Überschüssige Würzmischung abbürsten. Ingwer und Frühlingszwiebeln in den Bauchraum drücken und die Ente auf eine feuerfeste Platte legen. Einen Dämpfkorb oder Rost in einen Wok setzen. Etwa 5 cm hoch Wasser einfüllen, zum Kochen bringen. Die Platte mit der Ente in den Wok stellen; verschließen.

3 Die Ente 2 Stunden dämpfen, von Zeit zu Zeit überschüssiges Fett abgießen. Eventuell noch Wasser zugeben. Die Ente herausnehmen und alle Flüssigkeit abgießen. Ingwer und Frühlingszwiebeln wegwerfen. Die Ente an einem kühlen Ort trocknen und abkühlen lassen. Danach in den Kühlschrank stellen.

4 Wenn die Essenszeit naht, die Ente vierteln und mit dem Mehl bestäuben, überschüssiges Mehl abschütteln.

5 Das Öl im Wok oder der Fritteuse erhitzen. Wenn es fast raucht, die Entenviertel in 2 Portionen frittieren. Die Bruststücke etwa 8–10 Minuten, Schenkel und Schlegel etwa 12–15 Minuten frittieren, bis sie knusprig und durchgebraten sind.

6 Die Ente auf Küchenkrepp abtropfen und stehen lassen, bis sie etwas abgekühlt ist. Dann das Fleisch von den Knochen lösen und zerkleinern, am besten mit einer Gabel. Mit Pfannkuchen, Frühlingszwiebeln und Hoisinsauce servieren.

GEMÜSE und BEILAGEN

Gebratener Spinat

Gemüse wie Spinat, die sehr viel Feuchtigkeit enthalten, werden am besten gebraten. Hier wird Spinat in einem sehr heißen Wok mit einigen Gewürzen schnell pfannengerührt. Das geht sehr einfach; der Spinat kann heiß oder kalt serviert werden.

675 g frischer Spinat
1 EL Erdnussöl
2 EL Knoblauch, grob gehackt

1 TL Salz
1 TL Zucker

Für 4 Personen
Zubereitungszeit: ca. 15 Min.
Garzeit: ca. 7 Min.

1 Den Spinat gründlich waschen. Die Stiele entfernen, nur die Blätter verwenden.

2 Einen Wok stark erhitzen und Öl zugeben. Wenn es heiß ist und leicht raucht, Knoblauch und Salz hinzufügen. 10 Sekunden unter Rühren braten.

3 Den Spinat zugeben und etwa 2 Minuten unter Rühren braten, bis die Blätter gut mit Öl, Knoblauch und Salz bedeckt sind.

4 Wenn der Spinat auf etwa ein Drittel seiner ursprünglichen Größe zusammengefallen ist, den Zucker zugeben und weitere 4 Minuten unter Rühren braten. Den Spinat auf eine Platte geben und überschüssige Flüssigkeit abgießen. Sofort servieren.

Gebratener Brokkoli

Pfannenrühren eignet sich als Kochtechnik sehr gut, um dieses außerordentlich nahrhafte Gemüse zuzubereiten. Damit der Brokkoli garantiert gelingt, wird er mit etwas Wasser gegart und der Wok fest verschlossen.

450 g Brokkoli

1 ½ EL Erdnussöl

4 Knoblauchzehen, durch-
   gepresst

1 TL Salz

½ TL schwarzer Pfeffer aus der
   Mühle

6 EL Wasser

2 TL Sesamöl

| Für 4 Personen |
| Zubereitungszeit: ca. 10 Min. |
| Garzeit: ca. 6 Min. |

1 Die Stiele vom Brokkoli ab-schneiden und die Köpfe in kleine Röschen teilen. Die Stiele schälen und in Schei-ben schneiden.

2 Einen Wok stark erhitzen und das Erdnussöl hineingeben. Wenn es heiß ist und leicht raucht, Knoblauch, Salz und Pfeffer hinzufügen. Alles un-ter Rühren etwa 30 Sekunden braten, bis der Knoblauch leicht gebräunt ist.

3 Den Brokkoli hinzufügen und 2 Minuten braten, dabei um-rühren. Dann das Wasser zu-geben, den Wok fest ver-schließen und bei großer Hitze 4–5 Minuten garen.

4 Den Deckel abnehmen und den Brokkoli mit einem scharfen Messer vorsichtig anstechen; das Messer sollte ganz leicht eindringen. Das Sesamöl hineinrühren, alles noch 30 Sekunden unter Rühren braten und dann servieren.

Gebratenes Mischgemüse

Pfannengerührte Gemüsegerichte sollten nicht mehr als vier oder fünf unterschiedliche Gemüsesorten enthalten. Mischen Sie feste Sorten wie grüne Bohnen mit Blattgemüse wie Spinat. Die Kunst beim Braten von Gemüse besteht darin, es in der richtigen Reihenfolge im Wok zu garen. Wenn Sie alles Gemüse auf einmal hineingeben, wird es matschig, unabhängig vom jeweiligen Wassergehalt. Die festeren Sorten benötigen eine längere Garzeit, kommen also zuerst in den Wok.

Die Wassermenge, die Sie zufügen müssen, hängt vom Wassergehalt der verwendeten Gemüsesorten ab. Geben Sie nur 1–2 EL Wasser in den Wok, wenn Sie den Deckel benutzen, denn sonst verkocht das Gemüse.

Für 4 Personen
Zubereitungszeit: ca. 15 Min.
Garzeit: ca. 7 Min.

225 g Chinakohl
225 g chinesischer Blütenkohl
  oder *bok choy* oder Spinat
225 g Spargel
225 g Möhren
1 ½ EL Erdnussöl
2 EL Schalotten, grob gehackt
2 EL Knoblauch, grob gehackt
2 TL frische Ingwerwurzel, fein
  gehackt
2 TL Salz
1–2 EL Wasser
2 TL Zucker
1 EL Shaoxing-Reiswein oder
  trockener Sherry
2 TL Sesamöl

1 Den Chinakohl in ungefähr 4 cm lange Streifen schneiden. Dann Blattgemüse und Spargel in 4 cm große Stücke schneiden. Die Möhren schräg in etwa 5 mm dicke Scheiben schneiden.

2 Einen Wok stark erhitzen und das Erdnussöl hineingeben. Wenn es leicht raucht, Schalotten, Knoblauch, Ingwer und Salz hinzufügen und unter Rühren etwa 1 Minute braten.

3 Anschließend die Möhren und den Spargel zugeben und 30 Sekunden braten. Das Wasser hinzufügen, einen Deckel auflegen und das Ganze bei starker Hitze etwa 2 Minuten garen.

4 Chinakohl, Blattgemüse, Zucker und Reiswein hinzufügen. Unter Rühren etwa 3 Minuten braten, bis die Blätter zusammengefallen sind. Das Sesamöl zugeben und sofort servieren.

Geschmorter Tofu auf Sichuan-Art

Dieses traditionelle Gericht aus der Provinz Sichuan wird auch im Westen immer beliebter. Milder, sehr gesunder Tofu wird mit würzigen, duftenden Zutaten kombiniert – und das Ergebnis schmeckt wunderbar. Das Gelingen des Rezepts steht und fällt mit der Qualität der Zutaten und der Sorgfalt, mit der sie zubereitet werden.

Für 4 Personen
Zubereitungszeit: ca. 5 Min.
Garzeit: ca. 6 Min.

450 g frischer Tofu
1 EL Erdnussöl
1 EL Gelbe-Bohnen-Sauce
1 EL dunkle Sojasauce
½ TL Salz
1 TL rotes Chilipulver oder Cayennepfeffer oder nur 1 Prise zum Abschmecken

175 ml *Chinesische Hühnerbrühe* (siehe S. 26) oder Instantbrühe guter Qualität
2 EL Knoblauch, grob gehackt
2 TL Stärkemehl, mit 1 EL Wasser verrührt
1 TL geröstete Sichuan-Pfefferkörner, fein gemahlen (siehe S. 17)

1 Den Tofu vorsichtig in 4 cm große Würfel schneiden.

2 Einen Wok erhitzen, Öl und Bohnensauce zugeben und unter Rühren 30 Sekunden braten. Sojasauce und Salz zufügen und 1 Minute braten.

3 Das Chilipulver hinzugeben und 30 Sekunden braten, dabei umrühren. Dann Brühe und Tofu hineingeben und 3 Minuten köcheln lassen.

4 Knoblauch und Stärkemehlmischung hineinrühren und
1 Minute garen. Alles in eine
Servierschüssel füllen, die
gemahlenen Pfefferkörner
darüber streuen und sofort
servieren.

Bohnen auf Sichuan-Art

Wie an den Gewürzen zu erkennen ist, stammt dieses leckere Gericht aus Westchina. Das traditionelle Rezept verlangt chinesischen Spargel oder lange Bohnen, aber man kann auch gut grüne Bohnen nehmen. Sie werden frittiert, damit sie eher weich als knackig werden, aber sie sollten grün bleiben und nicht verkochen. Nach dem Frittieren werden die Bohnen in mehreren Gewürzen pfannengerührt. Die Bohnen sollten leicht ölig sein, aber Sie können sie vor dem Braten mit Küchenkrepp abtupfen. Am besten servieren Sie dieses köstliche vegetarische Gericht sofort, wenn es fertig ist.

Für 4 Personen
Zubereitungszeit: ca. 10 Min.
Garzeit: ca. 10 Min.

600 ml Erdnussöl

450 g grüne Bohnen, in Stücke geschnitten, wenn sie lang sind

2 EL Knoblauch, grob gehackt

1 EL frische Ingwerwurzel, fein gehackt

3 EL Frühlingszwiebeln (nur die weißen Teile), fein gehackt

1 ½ EL Chili-Bohnen-Sauce

1 EL Gelbe-Bohnen-Sauce

2 EL Shaoxing-Reiswein oder trockener Sherry

1 EL dunkle Sojasauce

2 TL Zucker

1 EL Wasser

2 TL Chiliöl

1 Einen Wok stark erhitzen und das Öl hineingeben. Wenn es heiß ist und leicht raucht, die Hälfte der Bohnen frittieren, bis sie nach etwa 3–4 Minuten etwas zusammenfallen. Die Bohnen herausnehmen und gut abtropfen lassen. Die zweite Portion ebenso frittieren.

2 Etwa 1 EL des Öls, in dem die Bohnen frittiert wurden, in einen sauberen Wok oder eine Pfanne geben. Das Öl erhitzen, dann Knoblauch, Ingwer und Frühlingszwiebeln hinzufügen und unter Rühren 30 Sekunden braten.

3 Die restlichen Zutaten außer den Bohnen zugeben und noch 30 Sekunden braten.

4 Die abgetropften Bohnen hineingeben und gründlich unter die Würzmischung rühren. Servieren, sobald die Bohnen heiß sind.

Chinesische Pfannkuchen

Diese Pfannkuchen sind die klassische Beilage zu *Peking-Ente* (siehe S. 90) oder *Knusprig-aromatische Ente* (siehe S. 92) und ein Beleg dafür, dass die Nordchinesen Weizen statt Reis verwenden. Die Pfannkuchen lassen sich ganz einfach zubereiten, wenn Sie erst einmal ein wenig Übung haben. Die Pfannkuchen werden „doppelt" gerollt, damit sie dünner und feuchter werden und leichter gegart werden können. Da man sie in Frischhaltefolie eingewickelt einfrieren kann, können Sie sie schon Wochen im Voraus zubereiten.

Um die Pfannkuchen aufzuwärmen, dämpfen Sie sie kurz oder geben Sie sie, fest in Frischhaltefolie gewickelt, in die Mikrowelle – das dauert nur 1 Minute. Wärmen Sie sie nicht im Ofen auf, weil sie dabei zu sehr austrocknen. Tiefgekühlte Pfannkuchen sollten Sie vor dem Aufwärmen im Kühlschrank auftauen lassen.

> Für 6–8 Personen
> Zubereitungszeit: ca. 40 Min.
> Ruhezeit: ca. 30 Min.
> Garzeit: ca. 20–30 Min.

275 g Mehl + etwas Mehl
  zum Bestäuben
250 ml sehr heißes Wasser
2 EL Sesamöl

1 Das Mehl in eine große Schüssel geben und dann das heiße Wasser nach und nach hineinrühren. Mit Stäbchen oder einer Gabel so lange rühren, bis das Mehl das Wasser vollständig aufgenommen hat. Mehr Wasser zufügen, wenn die Mischung zu trocken ist.

2 Den Teig herausnehmen und mit den Händen etwa 8 Minuten weich kneten, dabei bei Bedarf mit Mehl bestäuben, da der Teig jetzt ziemlich klebrig sein kann. Den Teig in die Schüssel zurückgeben, mit einem feuchten Tuch bedecken und etwa 30 Minuten ruhen lassen.

3 Den Teig herausnehmen und nochmals etwa 5 Minuten kneten; wenn er klebt, mit Mehl bestäuben. Wenn der Teig weich ist, eine etwa 45 cm lange und 2,5 cm dicke Rolle daraus formen. Die Rolle in 18 gleiche Teile schneiden und jedes Stück zu einem Ball formen.

4 Jeweils 2 Teigbälle nehmen. Eine Seite eines Balls in das Sesamöl tunken und mit der geölten Seite auf den anderen Ball drücken.

7 Rechts: Aus der Pfanne nehmen und leicht abkühlen lassen. Die beiden Pfannkuchen voneinander trennen, solange sie noch warm sind, und beiseite legen. Mit den restlichen Teigbällen ebenso verfahren.

5 Anschließend mit einer Teigrolle beide Pfannkuchen gleichzeitig zu einem Kreis mit etwa 15 cm Ø ausrollen. Dieser Doppelpfannkuchen kann auch gewendet und auf der anderen Seite gerollt werden.

6 Eine Pfanne oder einen Wok leicht erhitzen. Den Doppelpfannkuchen darin 1–2 Minuten braten, bis die Unterseite getrocknet ist; sie kann braune Flecken aufweisen. Wenden und die andere Seite braten, bis sie trocken ist.

Perfekt gedämpfter Reis

Die chinesische Art, Reis zu dämpfen, ist einfach und wirkungsvoll. Ich bevorzuge weißen Langkornreis, der gekocht trocken und weich ist. Verwenden Sie keinen parboiled Reis, denn ihm fehlen Struktur und Stärkegeschmack, die wesentlich für chinesischen Reis sind.

Reis wird nicht klebrig, wenn er zuerst im offenen Topf bei starker Hitze kocht, bis das meiste Wasser verdunstet ist. Dann stellt man die Hitze auf die kleinste Stufe, legt einen Deckel auf und gart den Reis langsam im verbleibenden Dampf. Nehmen Sie während des Dämpfens nie den Deckel ab; achten Sie auf die Zeit und haben Sie Geduld.

Hier ist ein guter Trick: Wenn Sie den Reis anfangs etwa 2,5 cm mit Wasser bedecken, kocht er immer richtig, ohne zu verkleben. Auf vielen Reispackungen ist zu viel Wasser angegeben, und das Ergebnis ist recht klebrig. Mit meiner Methode bekommen Sie perfekt gedämpften Reis.

Für 4 Personen
Zubereitungszeit: ca. 20 Min.
Garzeit: ca. 20 Min.

Im Messbecher abgemessene
 400 ml Langkornreis
600 ml Wasser

3 Einen sehr dicht schließenden Deckel auflegen und den Reis bei geringster Hitze ungestört 15 Minuten garen. Der Reis muss nicht aufgelockert werden. Den Topf vom Herd nehmen und vor dem Servieren 5 Minuten ruhen lassen.

1 Den Reis in einer großen Schüssel in mehreren Durchgängen waschen, bis das Wasser klar ist. Den Reis abtropfen lassen.

2 Wasser und Reis in einem Topf zum Kochen bringen. Etwa 5 Minuten kochen, bis die meiste Flüssigkeit verdunstet ist. Die Reisoberfläche sollte mit kleinen Einkerbungen überzogen sein.

Gebratener Reis mit Rührei

Dies ist wohl das im Westen bekannteste chinesische Gericht, denn es ist auf den Speisekarten der meisten China-Restaurants zu finden. Das Gericht gelingt am besten, wenn man kalten gekochten Reis nimmt und den Wok sehr stark erhitzt. Richtig gebratener Reis schmeckt wunderbar rauchig.

Für 4 Personen
Zubereitungszeit: ca. 5 Min.
Garzeit: ca. 8 Min.

2 große frische Eier, leicht verquirlt

2 TL Sesamöl

1 TL Salz

2 EL Erdnussöl

1 Portion *Perfekt gedämpfter Reis* (siehe S. 110), ganz abgekühlt

¼ TL schwarzer Pfeffer aus der Mühle

2 EL Frühlingszwiebeln, fein gehackt

3 Die Eier-Öl-Mischung hineinträufeln und unter weiterem Rühren 2–3 Minuten braten, bis die Eier gestockt sind und die Mischung trocken ist.

4 Das restliche Salz und den Pfeffer hinzufügen und noch einmal 2 Minuten braten, dabei ständig rühren. Die Frühlingszwiebeln hineinrühren. Alles auf eine Platte geben und sofort servieren.

1 Eier, Sesamöl und die Hälfte des Salzes in einer kleinen Schüssel mit einer Gabel vermischen und beiseite stellen.

2 Einen Wok stark erhitzen und das Erdnussöl hineingeben. Wenn es sehr heiß ist und leicht raucht, den kalten gekochten Reis hinzufügen. Unter Rühren etwa 3 Minuten braten, bis der Reis heiß ist.

Nudeln chow mein

Chow mein bedeutet wörtlich „pfannengerührte Nudeln". Es ist ein Gericht, das im Westen so beliebt ist wie in Südchina. Sie können zu diesen köstlichen Eiernudeln nahezu jede Zutat, die Sie mögen, dazugeben, sei es Fisch, Fleisch, Geflügel oder Gemüse. Die Nudeln sind ein beliebtes Mittagessen, entweder als Gang eines Menüs oder für sich allein.

Für 4 Personen
Zubereitungszeit: ca. 10 Min.
Marinierzeit: ca. 10 Min.
Garzeit: ca. 20 Min.

Für die Nudeln:

225 g getrocknete oder frische Eiernudeln

4 TL Sesamöl

100 g Hähnchenbrüste ohne Haut und Knochen, in feine, 5 cm lange Stücke geschnitten

2 ½ EL Erdnussöl

1 EL Knoblauch, fein gehackt

50 g Zuckererbsen, fein zerkleinert

50 g Parmaschinken oder gekochter Schinken, fein zerkeinert

je 2 TL helle und dunkle Sojasauce

1 EL Shaoxing-Reiswein oder trockener Sherry

1 TL Salz

½ TL weißer Pfeffer aus der Mühle

½ TL Zucker

3 EL Frühlingszwiebeln, fein gehackt

Für die Marinade:

2 TL helle Sojasauce

2 TL Shaoxing-Reiswein oder trockener Sherry

1 TL Sesamöl

½ TL Salz

½ TL weißer Pfeffer aus der Mühle

1 Die Nudeln in einem großen Topf mit kochendem Wasser 3–5 Minuten garen, dann abgießen und in kaltes Wasser tauchen. Gründlich abtropfen lassen, in 3 EL Sesamöl wenden und beiseite stellen.

2 Die Hähnchenstücke mit den Marinade-Zutaten gut vermischen und etwa 10 Minuten ziehen lassen.

2 Einen Wok stark erhitzen und das Erdnussöl hineingeben. Wenn es sehr heiß ist und leicht raucht, Knoblauch, Ingwer und Chilis hinzufügen und unter Rühren 30 Sekunden braten.

3 Wasserkastanien, Pilze, Braten bzw. Schinken und Frühlingszwiebeln hinzufügen und 1 Minute braten, dabei rühren. Reisnudeln, Garnelen und Erbsen zugeben und weitere 2 Minuten braten.

4 Alle Saucenzutaten hinzufügen, bei starker Hitze etwa 5 Minuten garen, bis der größte Teil der Flüssigkeit verdunstet ist.

5 Die Eimischung über die Nudeln gießen, unter ständigem Rühren braten, bis die Eier gestockt sind. Die Nudeln auf einer großen Platte anrichten, mit den Korianderblättern garnieren und servieren.

Menüvorschläge

Ich möchte Ihnen hier einige Ratschläge geben, wie Sie eine chinesische Mahlzeit zusammenstellen können, und Ihnen Menüs für unterschiedliche Gelegenheiten vorschlagen. Beginnen Sie mit einfachen Menüs, um die Kochtechniken zu üben. Kochen Sie am Anfang höchstens zwei Gerichte gleichzeitig, vielleicht als Teil einer gewohnten Mahlzeit. Chinesische Snacks eignen sich als Vorspeisen zu jedem Essen, und viele Gerichte können hervorragend mit westlichen Fleischmahlzeiten und Salaten kombiniert werden.

Wählen Sie für Ihre erste komplett chinesische Mahlzeit maximal zwei oder drei Gerichte aus und servieren Sie sie mit gedämpftem Reis. Wählen Sie nie Gerichte, die alle gebraten werden müssen, denn sonst verbringen Sie eine nervenaufreibende Zeit in der Küche bei dem Versuch, alles gleichzeitig fertig zu bekommen. Entscheiden Sie sich für ein Schmorgericht, eine kalte Speise oder etwas, das sich im Voraus zubereiten und aufwärmen lässt, und wählen Sie höchstens ein pfannengerührtes Gericht. So gewinnen Sie Selbstvertrauen für anspruchsvollere Rezepte.

Die Kunst der chinesischen Küche besteht darin, eine harmonische Verbindung von Farbe, Struktur, Aroma und Geschmack zu erreichen. Dazu dienen die unterschiedlichsten Garmethoden. So kann Fisch gedünstet, Fleisch geschmort und das Gemüse pfannengerührt werden. Außerdem werden unterschiedliche Gerichte zusammengestellt, die sich ergänzen: Ein Teil ist würzig, der andere mild; ein Teil weich, der andere knusprig. Das Ergebnis spricht alle Sinne an. Die Gerichte werden in die Mitte des Tisches gestellt und Ihre Gäste bedienen sich selbst mit kleinen Portionen von allen Speisen. Für die Chinesen ist Essen ein gemeinsames Erlebnis, und eine geteilte Mahlzeit wird als sichtbares Zeichen der Harmonie betrachtet, die zwischen Familie und Freunden herrschen sollte.

Dinnerparty für 6 Personen

Dies ist ein stilvolles Menü für Freunde. Es ist recht anspruchsvoll, aber viel Arbeit wird im Voraus erledigt. Die Suppe und der Reis können aufgewärmt werden. Servieren Sie zuerst die Suppe, dann die Garnelen und danach Ente und Reis. Erhöhen Sie die in den Rezepten angegebenen Mengen um die Hälfte.

Mais-Krabben-Suppe

Garnelen auf Sichuan-Art

Knusprig-aromatische Ente

Gebratener Reis mit Rührei

Dinnerparty für 6 Personen

Dies ist ein einfacheres Menü; es ist leicht und schmackhaft. Servieren Sie zuerst den Fisch, dann das Hähnchen mit Spinat und Reis. Erhöhen Sie die in den Rezepten angegebenen Mengen um die Hälfte.

Gedämpfter Fisch auf Kanton-Art

Gebratenes Hähnchen mit Schwarze-Bohnen-Sauce

Gebratener Spinat

Perfekt gedämpfter Reis

Dinnerparty für 6 Personen

Hier ein pikantes Festessen für Ihre vegetarischen Freunde. Das Menü, das leicht zuzubereiten ist, besticht durch die verschiedensten Strukturen und Aromen. Ersetzen Sie beim geschmorten Tofu die Hühnerbrühe durch Gemüsebrühe. Erhöhen Sie die in den Rezepten angegebenen Mengen um die Hälfte.

Knuspriger „Seetang"

Gebratenes Mischgemüse

Geschmorter Tofu auf Sichuan-Art

Perfekt gedämpfter Reis

Büfett für 20 Personen

Dieses Fest haben Sie im Griff! Vieles kann Stunden
vorher zubereitet werden, und Sie haben Zeit für Ihre
eigene Party. Ich habe hier die Menge für jedes Rezept
angegeben, aber wie viel Sie tatsächlich benötigen, hängt
von der Zahl und dem Appetit Ihrer Gäste ab.

Sesam-Garnelen-Toast
(doppelte Rezeptmengen)

Karamellwalnüsse
(vierfache Rezeptmengen)

Knusprige Wan-Tans
(fünffache Rezeptmengen)

Cashew-Hähnchen
(fünffache Rezeptmengen)

Frühlingsrollen
(doppelte Rezeptmengen)

Kalte Nudeln
(fünffache Rezeptmengen)

Familienmahlzeit für 4 Personen

Dies ist ein gesundes und
nahrhaftes Essen für Ihre Familie.

Schweinefleisch à la Chiu Chow

Gebratener Brokkoli

Nudeln Chow mein

Romantisches Dinner für Zwei

Diese Mahlzeit ist leicht zuzubereiten und
lässt Zeit für Gespräche. Servieren Sie alle
Gerichte zusammen, damit Sie am Tisch
bleiben können. Halbieren Sie die in den
Rezepten angegebenen Mengen.

Eiblütensuppe aus Kanton

Gedämpfte Austern

Schweinefleisch mit Frühlingszwiebeln

Perfekt gedämpfter Reis

Register